기다림

쐐기골 양지 목사 이야기

이상호 지음

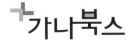
가나북스

꿈이 많은 목사님의 글쓰기

제가 이상호 목사님을 알고 지낸 지는 꽤나 오래입니다.

언제였던가, 공주지역에서 함께 글을 쓰는 김춘원 시인의 안내로 쐐기골의 세광교회를 방문해서 예배를 드리고 시를 나눈 일이 있었습니다. 또한 제가 큰 병에 걸렸다가 겨우 빠져 나와 집에서 지내던 중 세광교회에 가서 어떻게 병을 앓았고, 어떻게 나았나 하는 것을 간증하기도 했습니다.

그 뒤로 목사님과는 매우 가깝게 지내는 사이가 되었고, 또 이상호 목사님은 제가 일하는 공주문화원에서 벌이는 문화행사에도 관심을 가지면서 기회가 있을 때마다 꼬박꼬박 참석하는 열성을 보이셨습니다. '금강 달빛 별빛 이야기' 같은 명사초청 행사에는 아예 개근하다 시피 하셨습니다. 사모님과도 같이 오시어 감사한 마음 오래 동안이었습니다.

또한 이상호 목사님은 시를 좋아하실 뿐더러 글을 쓰는 목사님이십니다. 말하자면 문인 목사님이라 할 것입니다. 무릇 목사님들의 문필 활동은 선교활동의 연장선상이거나 그 승화이기도 합니다.

보내오신 몇 편의 글을 읽어보았지요. 흔히 인용하는 말에 '글은 사람이다'라는 말이 있습니다만 역시 목사님의 글은 목사님의 분신이었고, 목사님의 정신세계를 반영하는 마음과 정신과 영혼의 산물이었습니다. 그러면서도 목사님의 글은 다른 목사님들의 글과는 다른 무늬를 가진, 인간적이고 솔직하다는 특징이 있었습니다.

그야말로 '글은 **사람이다**'입니다.

글을 읽으면서 또 한 가지 느껴지는 점은 이상호 목사님은 지극히 꿈이 많으신 분이란 점입니다. 이러한 점이 이 분으로 하여금 목회의 길로 이끌었고 또 오늘날 글 쓰는 목사님으로 안내했을 것이라 여겨집니다. 왜 이상호 목사님이라고 젊은 날 목마름이 없었고, 울분과 답답함이 없었겠습니까? 그 모든 것들을 가슴에 안고 새기는 방법이 아마도 그분의 글쓰기가 아니었을까 하는 생각을 혼자서 해봅니다.

시간은 흐르고, 인생도 흐릅니다. 세상도 흐르고, 사물도 흐릅니다. 흐르는 온갖 것들 가운데서 흐르지 않고 더욱 맑아지고 더욱 깊어지는 것은 오로지 인간의 영혼이요 내세에 대한 신앙이요 또 우리들이 살면서 남긴 글과 같은 정신적 자취입니다. 얼핏 글이 별스럽지 않게 느껴질지도 모릅니다. 그러나 글은 위대한 것이고, 책은 더욱 훌륭한 것입니다.

초상집에 갔을 때 돌아간 이의 제상에 올라가는 물건들을 봅니다. 집문서나 통장이나 돈뭉치는 절대로 올라가지 못합니다. 그 대신 훈장이나 상장, 돌아간 분이 쓰신 저서는 올라갑니다. 이것이 중요한 일이요 주목할 바입니다. 책이란 것이, 글이란 것이 인간의 맑고 그윽한 영혼의 산물이기에 그런 것입니다.

우리 이상호 목사님! 개인저서로는 두 번째이십니다. 이 책이 부디 아들이 되어서 문인 목사님 이상호 목사님에게 효도하는 책이 되기를 기원합니다. 또한 이 책으로 하여 젊은 시절 목사님이 이루고자 했던 원융하면서도 깊은 정신세계를 이루고 앞당기는 지름길이 되기를 또한 기원합니다.

때로는 글이 사람을 이끌고 갑니다. 글을 따라가는 이상호 목사님의 앞길에 한없는 축복이 가득하시기를 빌고 또 기도합니다.

나태주 (시인, 공주문화원장)

가을에 쓰는 편지

초등학교 때부터 줄곧 일기를 써왔습니다. 목회를 하면서 목회수기를
지속적으로 써온 것은 어릴 적 일기를 쓰던 습관입니다. 저를 잘 아는 어느 시인이
제게 말하더군요. 아주 좋은 습관을 가졌다고.

글을 쓰고 있으면 마음이 편해지면서 말할 수 없이 큰 위안을 받았습니다. 마치
하나님이 제 등 뒤에 서 계신 것처럼 든든하고 행복했습니다.

2003년에 홈페이지를 만들고 글을 올리기 시작하면서 교회 밖의 사람들과
세광교회 이야기를 나누기 시작했습니다.

2009년 성탄절에는 틈틈이 써 왔던 이야기들을 모아 선교보고서 형식의 책을
만들었습니다. 보잘 것 없는 책이었지만 그 작은 이야기를 읽은 사람들이 감동의
글을 보내주면서 격려와 칭찬을 아끼지 않았습니다. 부끄럽기도 하고, 가슴이
벅차기도 했습니다. 언젠가는 책다운 책을 만들겠다는 꿈을 가슴에 품기도
하였습니다.

세월이 지나면서 책을 내라는 권유를 받기 시작했습니다. 세광의 주보가족들과
지인들의 권유를 받으면서 깊이 생각하게 되었습니다. 보고서 같은 책이 아니라
많은 사람들이 곁에 두고 읽는 좋은 책을 꿈꾸었습니다. 그러자 책을 내는 일이
덜컥 겁이 났습니다. 용기가 나지 않았습니다. 더구나 천 편이 넘는 글들이 모두
동일하게 의미가 있고 귀한 자식 같은데 어느 것을 뽑아내야 좋을지 고민이
컸습니다. 막상 뽑아놓고 나면 부족한 곳이 많아 더 깊은 고민에 빠졌습니다.
참으로 쉽지 않은 작업이었습니다.

글을 쓸 수 있도록 여건을 허락해 주신 세광교회 성도들,

사랑하는 세광의 홈 가족과 주보가족들,

늘 곁에서 꼼꼼히 챙겨주는 사랑하는 아내 화자 씨,

딸 삼희와 사위 황용태, 그리고 외손자녀 서연과 현동, 혜원,

아들 일희와 오늘 며느리가 된 복미순과 더불어 한없는 기쁨을 나눕니다.

추천사를 써 주시고 글을 지도해 주신 시인 나태주 선생님,

이 책이 세상에 나올 수 있도록 도와준 박은자 작가에게 감사의 말을 전합니다.

부족한 사람을 양지 목사가 되도록 이끌어주신 하나님께 한없는 영광을 올려
드립니다.

이 책이 하나님의 복음을 전하는 도구가 되기를 간구하며 책이 나온 기쁨을 두루
함께 합니다. 사랑하고 감사합니다.

2014년 11월 1일
쐐기골에서 양지(陽地) 이 상 호

목차

권두시

기다림

이상호

나이 60
목회한 지 34년
목사된 지 32년
공주세광교회 30년
쐐기골에 들어 온 지 20년
양지코너에 글 쓰기 시작한 지 1057번 째
학수고대 기다리던 책이 나온다.

바르게 살기
세상의 빛으로 살기
서로 좋게 잘 살기
사람답게 살기
집 나간(마음으로) 가족 돌아오기
교회 떠난 신자 돌아오기
결석한 신자 교회서 보기
책 나오기
기다리던 꿈을 꾼지
20년 만에 두 번째
아니 책 다운 책이 나온다.

삶은 기다림
농부가 가을 결실을 기다림
자식이 어른되기 기다림
목사가 사람되기 기다림
신자가 성도되기 기다림
교사가 제자되기 기다림
남북의 평화통일 기다림
문인이 책나오기 기다림이다.
그래서 인생은 기다림이 아닐까?
여기 그 기다림의 열매하나
독자와 함께 나눈다.

기다림 | 쐐기골 양지목사 이야기

1부

종소리, 쐐기골에 울려 퍼지다

세광교회 교회당은 처음부터 교회당으로 지은 건물이 아니다.
비어있던 공장을 사서 교회로 리모델링했다. 그래서 교회당
모습이 여느 교회당들과는 좀 다른 느낌을 준다. 딱딱한
모양의 건물이지만 자연 속에 있어서 부드러워 보인다.

마당가에 세워져 있던 나무 십자가가 낡아서 철거를 할 때가
되었다. 십자가를 다시 세워야 되겠다는 생각을 하고 있을 즈음
문득 교회 마당에 종탑을 세우고 싶은 생각이 들었다. 어릴 적
들었던 교회당 종소리가 가슴속에 물결치며 들려왔다.

"땡그렁! 땡그렁!"

마을 사람들은 시계가 귀했던 때라 종소리에 시간을 가늠했다.
온 동네에 울려 퍼지는 종소리를 탓하는 사람은 아무도 없었다.

어린 시절 교회당 종소리를 들으면서 컸는데, 왜 그동안 교회
마당에 종탑을 세우고 종소리를 동네 집집마다 들려줄 생각을
못했을까? 종소리를 듣다보면 어느 날 불현듯 종소리에 이끌려
교회에 오는 사람이 있지 않겠는가? 더구나 쐐기골에서는
교회에서 종을 쳐도 시비할 사람이 없다. 그만큼 교회가 동네
사람들과 친밀하다. 오히려 교회당 종소리를 들으면서 교회를
한 번 더 바라보지 않겠는가? 교회 마당에서 종을 치는 내
모습이 자꾸 보였다. 간절한 마음으로 주님께 기도했다.

"주님, 교회 마당에 종탑을 세우고, 종소리가 쐐기골에 울려
 퍼진다면 주님도 기쁘신 일이지요?"

나의 간구를 주님이 들으셨을까? 교회 옆 소학산 기도원에
사용하지 않는 종이 있었다. 기도원 원장은 연로해서 기도원
운영을 그만 둔지 10년이 넘었고, 지금은 우리 세광교회에
출석하고 있다. 나는 그 기도원에 자주 드나들었다. 그런데
종탑을 보고도 무심히 지나쳤다. 아니 종탑이 거기 서 있다는
생각조차 하지 못했다. 하지만 우리 세광교회 마당에 종탑
세우기를 간구하자 하나님이 내 눈을 열어 기도원에 서 있는

종탑을 보게 하셨다. 녹슨 종이 낡은 종탑에 위험하게 달려
있었다.

기도원 원장은 기쁜 마음으로 종을 가져가라고 허락하였다.
마침 종탑을 설비하는 한국기독교공사 대표가 공주 이인면
산의리 사람이었다. 기독교공사 대표에게 당부했다.

"가능하면 옛날 모습의 종, 그래서 종탑을 보거나 종소리를
들으면 옛 기억과 옛 모습이 생각나는 종탑을 세워 주십시오."

공사가 신속하게 진행되었다. 시멘트로 기초공사를 하고 십여
일 후 종탑을 세우게 되었다. 기도원에서 종을 떼어다가 종각에
올리기 시작했다. 도르래로 종과 종 운전대를 올리는데 그만
종 운전대가 땅에 떨어져 깨어졌다. 다행히 동네에 용접기가
있어서 일일이 용접을 하여 올려 달았다. 드디어 종탑에 종을
올려 다는 작업이 끝이 났다.

종을 쳐 보았다. 옛날에 듣던 바로 그 종소리가 울리기
시작했다.

"땡그렁 땡! 땡그렁 땡!"

오랫동안 버려두었던 녹슨 종이라 처음엔 맑은 소리가 나지 않았다. 하지만 차츰차츰 소리가 맑게 울리면서 지금은 주일마다 쐐기골을 깨운다. 비록 낡은 종이지만 교회창립 30주년에 하나님이 주신 아름답고 멋진 선물이다. 성도들이 너도나도 종을 치고 싶어 한다. 아이들도 종 줄을 당기고 싶어 안달이다. 참으로 흐뭇한 풍경이다.

쐐기골에서 종소리를 듣고 있으면 기분이 좋아진다. 종을 칠 때는 마음이 간절해진다.

"주여, 이 종소리가 사랑의 종소리, 복음의 종소리, 기쁨의 종소리, 추억의 종소리, 감사의 종소리가 되게 하여 주소서."

제주 **사려니숲길**

나에 대한 사람들의 평가는 여러 가지이다. 어느 평가도
유쾌하다. 부지런하다는 평가에는 내가 그만큼 건강하다는
것을 의미하고, 너무 돌아다닌다는 평가에는 내 속의 자유함을
나타내는 것이니 기분 좋은 말이다. 목회는 언제 하느냐고
말하는 사람도 있다. 이 말에도 기분이 나쁘지 않다. 힘들지
않느냐는 질문도 한다. 물론 때때로 힘들 때도 있다. 목회는
물론 세상의 모든 일들이 어떻게 기쁜 일만 있을 수 있겠는가?
그럼에도 목회가 신바람 나는 것은 하나님이 주신 건강함과
부지런함, 그리고 사람들을 좋아하는 마음 때문이다. 나는
나를 비난하는 사람도 천성적으로 싫어하지 못한다. 오히려
찾아가게 되고, 그를 위해 기도하게 된다. 나의 이런 마음은
여행을 통해서 얻은 것이 아닐까?

여행이라는 표현을 사용하였지만 나는 혼자서, 나만을 위해
여행을 떠나 본 적이 거의 없다. 여행이 허락될 만큼 재정적인

여유도 없었다. 그럼에도 자주 여행 중에 있는 것은 다른
사람에게는 일의 연속이어도 나는 마치 여행 중에 있는
사람처럼 일을 즐기기 때문이다.

나의 여행은 특별하다. 함께 떠난 일행보다 몇 가지는 더 보고,
더 경험하고 돌아온다. 게다가 기록하기를 좋아해서 여행의
흔적들이 고스란히 남아 있다. 사진은 물론 여행지에서 보고
느낀 것들을 꼼꼼히 기록에 남긴다.

총회에서 제주기독교역사 순례가 이루어졌다. 역사위원회
위원장이기에 제주도기독교역사 순례에 참석해야 했다.
총회에서 주관하는 일이니 여행이 아니고 일이었다. 하지만
나에게는 특별한 여행이 되었다. 더구나 일정이 제법 길었다.

김포공항까지 가서 일행들과 함께 비행기를 타기에는 거리가
만만치 않기에 청주공항에서 혼자 비행기를 타고 가기로
했다. 그런데 청주에서는 오전 아니면 오후 늦게 비행기가
뜬다고 했다. 오후에 뜨는 비행기를 타면 일행들보다 너무 늦게
도착하기 때문에 오전 비행기를 탔다. 제주공항에 도착해서
시계를 보니 서울에서 오는 일행들이 도착하려면 한참 있어야

했다.

'그동안 어떻게 시간을 보내지?'

잠깐 고민하다가 공항을 빠져 나갔다. 그리고 현지인에게
주변에 갈만한 곳이 있겠느냐고 물었다. 현지인은
'사려니숲길'을 추천했다.

마침 서귀포에 가는 택시를 만났다. 택시비는 만 원, 택시는
금세 나를 사려니숲길 입구에 내려 주었다.

숲에 도착하니 소나기가 먼저 반갑다고 소리를 질러댔다.
얼른 우비를 꺼내 입고 반가워 소리치는 소나기 소리를
온몸으로 받았다. 마침 제 6회 사려니숲길 에코힐링 체험 행사
기간이어서 완주하면 선물도 준다고 했고, 안내도 친절했다.
그런데 '사려니'가 무슨 뜻일까? 숲을 안내하는 해설사가
설명한다.

"사려니는 제주 사투리로 신성하다는 뜻입니다."

그렇다면 나는 지금 신성한 길을 걷고 있는 것이다. 이름
때문이었을까? 교래 입구에서 물찻오름과 월든삼거리를 거쳐
붉은오름입구를 지나는 남조로길 11Km를 선택해서 걷는 동안
숲의 좋은 기운이 내 몸을 신성하게 만드는 것 같았다. 아니 내
몸이 신성해져 가는 것을 느끼기 시작했다. 아, 오전 비행기를
탄일은 정말 잘한 일이다. 일행을 기다리는 시간이 지루하게
남아있는 것이 아니라 하나님은 이렇게 진기한 선물을 내
앞에 펼쳐 놓으시고 행복하라고 말씀하시는 것이다. 행복하다.

목회하면서 행복하지 않을 이유가 없다. 이렇게 곳곳에
숨어있는 기쁨을 누리다보니 이마에 늘어간 주름도 고운 일
아닌가? 동행자가 있었다면 더 좋았을 것이다. 아내와 함께
사려니숲길을 걸었다면 더 근사했을 것이다. 평균해발 약 500m
평지 숲길이라 아내가 걸어도 조금도 무리 없을 길이었다.
아내와 함께 오지 못한 것이 안타까웠다. 그래서 사진을 찍어
안부를 보냈다. 사려니숲길을 걷는 사람들이 모두 동행자였고,
친구였다. 말을 걸 때 마다 모두가 다정하게 대답해 주었고,
환하게 웃어 주었다.

'오름'에 이르니 숲 해설가가 오카리나 연주를 멋지게 연주한다.
숲의 정령이 노래를 부른다면 오카리나 소리와 같지 않을까?
나무에 등을 기대고 서서 오카리나 연주를 듣는 동안 숲은
청청한 속살을 아낌없이 내어주고 있었다. 내 몸 어느 구석에
혼탁한 피가 흐르고 있었던가? 내 몸 어느 한 쪽이 병들고
있었던가? 만약 그런 일이 내 몸에서 일어나고 있었다면
사려니숲길에서 모두 털어내졌을 것이다. 숲 해설가는
오카리나 연주를 끝내고 사려니에 대해 이야기를 시작한다.
해설을 듣는 동안 숲의 청정한 기운이 더욱 더 그윽하게 온
몸을 감싸 안았다.

하산이 시작되었다. 하산 길에 다시 만난 월든삼거리로 가는 숲속 오솔길은 요정이 되어 살면 아주 좋을 것 같은 길이었고, 삼나무 숲 또한 내 마음을 하늘로 쭉쭉 향하게 만들었다.

주차장으로 돌아와 대기 중인 택시에게 다가가서 물었더니 공항까지 2만5천 원을 달라고 한다. 사려니숲에 올 때처럼 만 원이라면 눈 딱 감고 탔을 것이다. 하지만 2만5천 원은 너무 과하다. 더구나 시간은 아직 넉넉하다.

교래리 입구까지 무료로 운행되는 순환버스를 탔고, 교래리에서 제주터미널에 가는 시내버스를 탔다. 터미널에서 마중 나온 손재운 목사와 서승룡 목사를 만나 공항으로 이동하는 길에서도 내 몸은 여전히 사려니숲길의 기운들로 가득했다. 마치 사려니 숲의 요정이 동행한 것처럼.

보 습

나는 충남 부여와 서천, 보령 경계에 있는 아주 작은
시골마을에서 태어나 어린 시절을 보냈다. 중학교 3학년
때부터 예수님을 믿기 시작하여 교회에 다녔다. 예수님을
믿기 전에는 무척이나 수줍어하고, 약하고, 못나고, 한없이
부족했었다. 왜 공부를 하는지, 왜 사는지를 몰랐었기에
자아정체성이나 자존감이 전혀 없었다. 교회에 다니면서 나
자신이 천지를 지으신 하나님의 아들이라는 것을 알았고,
또한 하나님의 형상으로 지음 받은 천하보다 귀한 생명임을
깨달았다. 자존감이 높아지고 삶의 목적도 생겼다. 고등학교는
물론 대학에 갈 수 없는 형편이었지만 예수님을 믿는 것이 너무
좋아서 예수님을 배우는 신학교에 진학했다.

함께 공부하던 동료 신학생들이 나를 두고 예수에 미친
사람이라고 했다. 나는 그 말이 듣기에 좋았다. 스물여덟
이른 나이에 목사고시에 합격하여 목사가 되었다. 참 철없는

목사였다. 그러나 분명한 것은 농촌목회에 대한 꿈이 있었다.
그래서 신학교 동기 중 7명이 '보습회'라는 걸 만들어 지금까지
모이고 있다. 보습이란 땅을 갈아엎는 쟁기의 맨 밑바닥 부분에
들어가는 농기구의 하나다. 농촌에 들어가서 밑바닥 삶을
살자는 의미였다. 젊음을 바쳐 농촌을 풍요롭게 개혁하는
것은 물론 복음으로 농촌을 살리자는 뜨거운 열망에 부풀어
있었다.

1982년도에 목사안수를 받고 부여에 있는 S교회에 담임목사로
부임했다. 시무장로가 두 분이나 있고 교인도 100여 명 되는
자립교회였다. 건축을 하고 남아 있던 빚을 정리하고, 3년째
되는 해에는 주택을 지었다. 주택 건축은 업자에게 절충식으로
맡겼다. 예를 들면 사람이 많이 필요로 하는 일은 교인들을
동원하고 나머지는 업자가 맡아서 하는 식이었다. 그때만 해도
교인동원이 수월한 때였다. 그런데 기와지붕을 너무 낮게
하는 바람에 물매가 잡히지 않아 재공사를 하는 일로 공정이
길어지면서 약간의 어려움이 있었다.

주택을 다 짓고 나니 젊은 목사가 고향에서 큰 집을 짓고,
대접받는 목회를 하는 건 모양이 좋지 않다는 생각이 들었다.

더욱이 평소 좋아하는 말 중에 하나가 노자의 도덕경에 나오는 말이다. "공성이불거(功成而不居)", '공을 세웠으면 거하지 말고 떠나라.' 다른 말로 하면 '공을 세웠지만 그 공을 내세우지는 않는다.' 이 말을 붙들고 조용히 사표를 냈다.

내 입으로 '농촌목회 최소한 10년은 해보고 된다, 안 된다 말하라.'고 했었다. 그러나 떠나라는 마음의 소리를 들었을 때 미련 없이 사표를 냈다. 갈 곳을 정하지 않고 사표를 먼저 낸 것은 어디 도시 교회를 정해놓고 시골교회를 발로 차고 나가는 것이 아니라 떠나는 것을 기정사실화하고 아골골짝 빈들에도 주님께서 부르시는 곳이면 그 어디든지 간다는 의미였다. 노회 어르신들이 안 된다며 만류했지만, 공주로 이사하여 1984년 추운 겨울, 세광교회 개척목회를 시작하였다.

농부의 아들로 태어나고, 농촌에서 자라나 농촌목회를 하려던 자가 안정된 농촌교회를 떠나 생판 모르는 도시에서 노동자, 행상, 외판원, 소년소녀가장 등 도시빈민들과 함께 고난의 목회를 시작했으니 고생은 눈에 보듯 뻔한 일이었다. 월세교회는 매년 옮겨 다녀야 했고 성장하지 못했다. 그러나 가난하고 눈물이 많은 사람들과 늘 함께 했다. 급기야 IMF

직전에는 시청에서 교회자리를 매입해 동사무소를 짓는 바람에
쫓겨나야만 했다. 월세 10년에 갑자기 교회당을 비워주고
옮겨야 하니 다시 빈손이었지만 나에게는 하나님이 함께
하셨고, 믿음이 좋은 성도들이 있었다. 비상긴급회의를 열었다.
많은 의견들이 쏟아졌다.

"앞으로 어떻게 할 것인가?"

"도시에서 계속 셋방살이 교회를 할 것인가?"

"시골로 옮겨 내 땅에서 교회를 할 것인가?"

순간 농촌목회에 대한 꿈이 불처럼 타 올랐다. 더구나
농촌목회에 빚진 마음이 있었고, 농촌에 대한 그리움이 가슴
깊은 곳에 있었다. 나는 조심스럽게 의견을 내 놓았다.

"농촌으로 교회를 옮기면 어떨까요?"

잠시 침묵이 흘렀다. 그런데 성도들이 동의해 주는 놀라운 일이
일어났다. 당장 쐐기골에 자리를 잡았다. 쐐기골, 지명에 대해

아는 사람이 없다. 이장도, 지역 어른들도 무슨 뜻인지 모른다. 그래서 홀로 생각해 본다. 쐐기골은 더 갈 수 없는 막다른 골목인데 세광교회가 예수님의 빛으로 쐐기를 박은 곳이라고.

1995년도에 평당 2만 원씩 천 평이 넘는 땅을 샀다. 60여 평 시멘트불럭 슬레이트로 지어진 가마니공장이 있었고, 20여 평 시멘트불럭조 관리동이 있었다. 성도들이 힘껏 헌금하여 공장을 교회로, 관리동을 사택으로 리모델링하였다. 쐐기골에 근사한 예배당이 들어서고, 동네에서는 가장 좋은 집 사택이 들어 선 것이다. 실상은 정말 허술한 건물이었지만 당시 나에게는 꿈같은 교회였고, 궁전보다 더 근사한 사택이었다. 해가 바뀔 때마다 월세를 올리기 위해 나타나는 주인을 만나지 않아도 되었고, 또 이사 갈 걱정이 없는 교회에서 새로운 목회가 열린 것이다. 소박한 모습으로 다시 농촌목회가 시작되었다.

2010년에 세광교회에서 공주세광교회로 교회 이름을 바꾸었다. 전국에 세광교회가 너무 많아서 지역 이름을 추가한 것이다. 교회가 서 있는 삶의 자리에서 역사와 지역, 민족의 문제를 끌어안고 씨름하는 목회가 그리 쉽지는 않았다. 교회도 많이 성장하지 못했다. 더구나 한국교회가 침체기를 맞고, 단순히 농촌은 폐농시대를 맞아 인구가 줄어 교인이 줄었다고 말하고 싶지는 않다.

쐐기골, 작은 마을인데도 불구하고 마을 사람들이 두 패로 나뉘어 반목하는 모습이 안타까워 반상회에 참석을 했다. 그런데 주민들이 모두 한마음이 되어 목사가 반장 일을 맡아주면 좋겠다고 말했다. 처음엔 사양하다가 동네 반장을 맡기로 했다. 학교 다닐 때도 못해 본 반장이다. 100교회 노회장보다, 200교회 공주시기독교연합회 회장(모두 역임)보다 더 소중한 직분으로 여겨지니 왜 그럴까? 마을에는 정기모임이 없었는데 세 달에 한번 정기모임도 만들고, 대보름 때는 윷놀이도 하고, 어려운 주민들을 힘껏 섬기다보니 교회와 주민들과의 관계가 더욱 좋아졌다. 목회가 더 즐거워졌다.

지난 4월 '교회창립기념주일'에 전교인 사진을 찍었는데 맨 앞줄에 다섯 명의 동네 아이들이 앉아 있었다. 한 영혼이 천하보다 귀하다. 이렇게 외진 시골에서 어린이 한 명은 일당백이다. 한 교사의 헌신과 사랑으로 동네 아이들이 교회에 나오는 기적이 일어났다. 아이들은 두 눈을 초롱초롱 뜨고 예수님의 말씀을 배우고 있다.

조용히 기도하면서 힘을 다하려고 한다. 교회 마당에
느티나무가 한 자리에 서서 교인들과 동네 사람들에게 쉼터가
되듯이 세광교회도 쐐기골 한 자리에 서서 사람들에게 희망과
위로와 생명을 계속하여 나눠주고 싶다.

우리 세광교회가 가진 목표는 '사랑이 있는 마을' 건설이다.
노회나 연합회 일도 중요하지만, 교회가 서 있는 삶의 자리에서
말씀을 실천하고 복음을 몸으로 사는 생활신앙을 하다보면
이곳 쐐기골이 '사랑이 있는 마을'이 되는 날이 곧 올
것이다. 농기구 보습처럼 하나님을 모르는 사람들 마음 속 깊은
곳을 갈아엎어 옥토로 만드는 세광교회 모습을 꿈꾼다.

고맙고 자랑스러운 **아들**

아들의 생일날이 되면 나는 아들에게 특별한 선물을 한다.
그것은 바로 내가 생각하는 아들의 장점을 나이 수만큼 적어서
주는 일이다. 그래서 해마다 아들의 장점이 늘어난다. 아니다.
늘어나는 나이보다 아들의 장점은 몇 배나 더 많이 늘어난다.
그래서 묶어서 쓸 때가 많다. 판단력이 빠르다는 장점과
단순하다는 장점을 묶어서 '단순하고 판단력이 빠르다' 라고
적는다.

오늘 결혼하는 아들의 장점 열 가지만 적어 본다면 일희는
인정이 많고, 친구의 인격을 존중해 줄 줄 알고, 건강하고,
적응력이 빨라 어디서나 잘 살아가고, 언변이 좋고, 컴퓨터와
인터넷을 잘 다루고, 판단력이 빠르고 단순하여 좋고,
부지런하고, 무엇이든지 가리지 않고 잘 먹고, 심성이 착하다.

아들에 대한 칭찬을 덧붙인다면 운전도 잘하고, 프로젝터

등 기계도 잘 다루고, 대중 앞에서 말도 잘하고 대인관계가
뛰어나다. 특히 부족한 아비를 따라 교회 일을 도울 뿐만
아니라 신학을 하고 목사가 된다니 감개무량한 일이다. 그뿐만
아니다. 웬만한 지적에는 끄떡도 하지 않는 속 좋은 아들이다.

나는 아들을 이겨 본 적이 없다. 전두환도 이기고, 노태우도
이기고(감옥에 보냈으니까), 결국은 지는 거지만 장로교회에서
무섭다는(?) 장로도 이겨보지만 아들을 이겨 본 일이 없다.
그런 내가 강단에서 공개적으로 아들을 세워놓고 훈계를 하는
일이 벌어졌다. 아들을 믿고 500만 원이 넘는 영상시설을
갖추는 과정에서 자리를 지키지 않은 아들에게 섭섭함을
넘어서 미운 생각이 들었다. 얼마나 노여웠는지 설교를 할 수가
없었다.

나에게는 미운 사람이 거의 없다. 교인들은 예뻐 죽겠고,
모든 사람이 그냥 좋다. 그런데 하나님의 말씀을 대언하는
설교자가 자기 아들을 미워하면서 천연덕스럽게 설교한다는
것이 위선적이라는 생각이 들었다. 설교를 하기 전 아들과
먼저 화해를 하고 싶었다. 아들이 잘못했다고 한 마디 하면

용서하고 좋은 분위기에서 설교를 하려는 마음이었다. "예물을
제단에 드리려다가 거기서 네 형제에게 원망들을 만한 일이
있는 것이 생각나거든 예물을 제단 앞에 두고 먼저 가서
형제와 화목하고 그 후에 와서 예물을 드리라"(마 5:23-
24)는 말씀대로 말이다. 그런데 강단에 올라 온 아들의 논리
정연한 변론은 아비의 기를 죽이고 있었다. 순간 나는 당황하여
엉뚱한 이야기까지 꺼내어 교인들을 불안하게 만들었다.
그리고는 적당히 얼버무리고 설교에 임했다. 위선적인 모습을
떨쳐내려다가 예배를 망치는 결과를 가져 온 것이다.

아들은 부족한 아버지 목사를 바로 세운다. 폭력적인 애비를 막아냈고, 이번에는 직선적인 애비의 부족한 인격을 교정해 주었다.

이제 결혼을 해서 한 가정을 이루는 아들, 목회의 길을 가주는 것만도 너무 고마운 아들이다. 아들은 한없이 커가고, 나는 한없이 작아지는 느낌이 들 때가 있다. 아들과 다투는 일은 이제 없을 것이다. 특히 강단에서 교우들에게 직선적인 말도 하지 않으리라. 올곧게 자라서 동역자가 된 아들이 고맙고 자랑스럽다.

결 심

양지는 1980년 1월 1일 판교교회 전도사로 목회의 첫 발을
내디뎠다. 아직 자격이 없는 신학교 졸업 학년이었는데 안기중
목사님의 배려로 부름을 받은 것이다.

1982년 목사 안수를 받고 부여 송학교회에서 농촌목회를 하게
되었다. 적어도 10년을 계획하고 갔지만 갑자기 사표를 내고
공주로 이사하여 1984년 겨울 세광교회 목회를 시작하였다.
금년으로 목회를 시작한지 34년이 되었고, 세광교회 근속
30년이 되었다.

세광교회는 월세를 내는 아주 작고 가난한 임대교회였다.
하지만 공주농민회를 비롯해서 공주민주교사협의회,
공주인권위원회 등 많은 모임이 세광교회당에서 결성되었다.
세광교회가 시민, 인권, 민주화운동의 성지처럼 된 것이다.
1987년 9월 26에 성전에서 최루탄이 터졌다. 박형규 목사의

강의를 막고, 민주쟁취국민운동공주시군지부 창립대회를 막기
위해서 벌어진 사건이었다.

세광교회는 과부와 행상을 하는 사람, 그리고 막노동을
하는 사람들이 주축이 된, 정말 몇 안 되는 민중들로 시작한
교회지만 민주, 민족, 양심, 인권, 통일에 관심을 갖고 우뚝 서
있었다. 우리가 서 있는 삶의 자리에서 역사와 민족의 문제를
끌어안고 씨름하는 교회였다. 그러나 결과는 비정했다. 교회는
생명력을 갖고 지속적으로 성장해야 하는데 그렇지 못했다.
하지만 뜻있는 분들이 꾸준히 모여서 기도했고, 쐐기골에
들어와 터를 잡았다.

세월은 강물처럼 흘러서 쐐기골에 들어온 지 벌써 19년째다.
금년에는 '우리겨레하나되기 대전충남운동본부 상임대표'를
맡고 있다. 노회적으로는 교육부장과 함께 통일 및
사회위원장을 맡고 있고, 지역에서는 공주기독교역사위원장과
함께 이인면기독교연합회장도 맡고 있다. 총회적으로도
역사위원장과 21세기 목회협의회 공동회장을 맡고 있는 등
대내외적인 일들을 적지 않게 맡고 있다. 모두 교회가 허락해
주고, 직간접으로 기도하며 후원해주기 때문에 가능한 일이다.

30년을 한 교회에 시무했다면 뜻 깊은 일이다. 하지만 목사는 누가 뭐라고 해도 교회를 성장시켜야 한다. 외진 곳에 예배당이 있어서 전도하지 못했다는 것은 핑계이다. 한국교회 전체가 줄고 있다는 이유를 대고 싶지도 않다. 주님 앞에 서기가 너무 부끄러워 무슨 결단을 내려야하지 않나 심각한 고민에 잠을 이루지 못한 적도 많았다. **교회는 전도하지 않으면 생명을 잃는다.** 이 엄연한 현실이 때로 마음을 무겁게 하지만, 전도하는 세광교회 모습을 하나님께 간구하면서 결심한다. 힘을 다해 전도하자고. 생명을 살리는 일에 좀 더 매진한다면 하나님의 상급이 클 것이다. 하나님과 성도님들에게 참으로 송구하지만 다시 힘을 모아 새로운 시대를 열어가자고 간청한다.

밝은 웃음의 천사 **명숙씨**

우리 세광교회가 장애인에 대해서 관심을 갖게 된 것은 오래
전의 일이다. 1989년 소망회 식구들을 만나면서 장애인에
대한 눈을 떴다. 그리고 이 시대에 가장 소외되고 힘든
사람들이 장애인이라는 인식을 하면서 주님의 명령으로
알고 장애인선교에 임했다. 재가 장애인 선교를 위한 '사랑이
있는 모임' 활동을 해왔고, '사랑이 있는 집'을 건축하고 작은
공동체를 운영해왔다. 주일날 장애인들이 와서 예배드릴
수 있도록 계단이 없는 교회당을 건축하는 등 미약하지만
지금까지 장애인들과 함께 하고 있다.

처음엔 장애인들과 함께 지내는 일이 힘들었다. 냄새를 풍기는
사람들과 함께 예배를 드리고, 함께 식사를 하는 것은 결코
쉬운 일이 아니었다. 세광교회에 나오다가 냄새 때문에 머리가
아프다고 다른 교회로 옮겨 간 사람들도 있었다. 하지만
세광교회 성도들은 냄새나는 장애인들과 긴 세월을 함께

지내왔다. 성도들은 수저를 들지 못하는 장애인에게는 먼저
밥을 먹여주고 나서 밥을 먹었다.

'사랑이 있는 집'을 지어 무의탁 노인과 장애인들이 함께
살았다. 그동안 할머니와 할아버지가 돌아가시고, 장애인들은
자립하여 나갔다. 장애인들을 위한 좋은 시설들이 많이
생겨나고 대형화되면서 지적장애인들은 자연스럽게
대형시설로 옮겨갔다. 그럼에도 10년이 넘게 우리와 함께 살고
있는 사람이 있다. 지적장애 2급인 명숙 씨이다.

명숙 씨는 정부로부터 본인 생활비를 지원받는데, 공무원과의
관계가 어렵다. 명숙 씨는 사택에서 살지만 독립된 자신만의
공간을 가지고 있다. 자신의 방에 김치냉장고가 있고,
세면장에는 세탁기가 있다.

매달 명숙 씨 생활비에 대한 감사를 받는다. 명숙 씨 방에
있는 냉장고 수리비 1만 원을 뺐더니 왜 장애인 통장에서 교회
냉장고 수리비를 뺐느냐고 지적한다. 명숙 씨 화장실에는
별도의 세탁기가 있는데 고장 난 지 오래다. 통장에 잔고가
있어서 세탁기를 장만하려고 했더니 그건 안 된다고 한다.

그렇다면 대한민국은 장애인이 김치냉장고나 세탁기가 있으면
안 되는 나라인가? 장애인은 김치냉장고에 든 김치를 먹어서도
안 되나? 더 기가 막힌 것은 담당 공무원은 신혼인데 실제로
자기네 집에는 김치냉장고가 없다고 말해서 그만 웃고 말았다.
참 어이가 없는 일이다. 공무원이 김치냉장고 없으면 장애인도
김치냉장고가 없어야 하고, 공무원이 만약 먹고 싶은 과일을 못
먹으면 장애인도 과일을 먹지 말란 말인가? 언젠가 부여에서
물건을 산 영수증을 보고는 왜 장애인이 부여까지 갔느냐고
지적한다. 장애인은 공주 관내에만 머물러야 하나보다. 하지만
명숙 씨의 문화생활은 청주나들이, 서울나들이 등 교회에서나
마을에서 여행을 갈 때는 정정당당하게 회비를 내고 동참한다.
때로는 외식도 하고 영화도 본다. 명숙 씨 신앙생활에 대해서
한 가지 더 추가해서 말한다면 명숙 씨는 십일조, 여신도회비,
금요구역예배헌금, 천사헌금을 모두 낸다. 인간으로서 누려야
할 모든 것을 누리고 사는 것이다. 그런데 담당공무원은
장애인이 웬 헌금을 이렇게 많이 내냐며 시비다. 장애인은
신앙생활을 해서도 안 되나 보다. 이런 일이 단순히 담당자만의
생각일까? 세탁기 구입문제를 논의하려고 이야기를 꺼냈더니
시에 알아보고 알려준다고 한다. 결과는 안 된다는 통보다.
시의 장애인 복지수준이 참으로 한심하다. 장애인에게 밥이나
먹여주고 재워만 준다면 장애인 복지는 어쩌란 말인가?

우리 명숙씨

장애인도 사람이고, 문화생활을 해야 한다. 실제로 함께
살다보면 일일이 장부에 적지 못하는 지출이 발생한다. 명숙
씨가 미장원, 목욕탕, 병원에 갈 때에도 혼자 갈 수 없으니 꼭
동행해야 한다. 장애인시설을 운영하는 분들에게 물어보았더니
만약 장애인이 죽거나 유고시에는 해당 장애인의 통장에 있는
잔고는 국고로 환수된다고 한다. 그 말을 들으니 명숙 씨가
돈을 아끼면서 절약할 이유가 없어졌다. 그래서 1월에는 명절을
대비하여 옷도 사주고, 입장료가 10만 원이나 하는 조영남
콘서트에도 함께 다녀왔다. 헌금이나 문화비는 실제로 지출한
돈인데 무슨 명목으로 빼야할지 고민이 이어지는데, 명숙 씨와
함께 살기의 어려움이다.

명숙 씨는 우리와 함께 종종 등산을 간다. 사람들은 화려한
등산복에 지팡이를 두 개 씩이나 들고 다닌다. 명숙 씨에게
지팡이가 있으면 좋겠느냐고 물었더니 웃으며 고개를
끄덕인다. 이참에 등산화를 하나 사 주었다. 등산이라고 해야
공주대간 정도지만 겨울등산은 장비를 갖추어야만 안전이

보장된다. 아 참, 장애인 돌보기 인건비로 빼면 괜찮을까?
이번엔 그걸 물어보고 답안지를 어떻게 써야 좋은 점수를 줄지
담당자에게 물어봐야 할 모양이다.

아내가 사회복지사이다. 그런데 매달 면사무소에 갈 때마다
가슴이 두근거린다고 한다. 명숙 씨로 인해 아내의 수고가
참으로 큰데 공무원은 그 수고를 조금도 알아주지 않고
수고하는 사람의 뺨을 올려 부치는 격이다. 사실을 사실대로
말할 수 있고, 장애인도 인간답게 살 수 있는 복지사회,
장애인과 더불어 사는 광명한 세상이 언제 올지 참으로 가슴이
답답하다. 나라에서 주는 돈인데 공무원이 이렇게까지 간섭을
해야 하는 걸까? 간혹 장애인을 이용하여 착취하는 사람들이
있기 때문이겠지만 사람 사는 세상이 좀 더 편안하고 행복할
수는 없는 걸까?

명숙 씨는 혼자 생활이 불가능한 지적장애 2급이다. 가장
시급한 것은 식사문제이다. 하루 세 때를 챙겨주어야만 한다.

아내의 수고가 정말 말할 수 없이 크다. 한 식구라 생각하기에
큰 어려움 없이 지내고 있지만 살다보면 한 나절, 혹은 낮
동안에 심방을 하거나 모임, 세미나 참석 등으로 집을 비울
때가 있다. 물론 1박 2일 이상 집을 비울 때는 가까운 시설에
도움을 청하여 맡긴다. 가족의 행사에 가면 이야기 하다가
저녁을 먹고 올 수도 있다. 그러나 우리는 얼른 집에 돌아온다.
밥을 차려주어야 하는 명숙 씨가 있기 때문이다. 지난주에도
서천에 있는 서울시공무원연수원에서 대학 동기들이 모였는데
전국에서 찾아 온 동기들을 뒤로한 채 집에 돌아왔다. 이번
주 월요일에도 대전 세미나에 갔다가 만삭이 된 딸의 생일과
화요일 사위의 생일을 맞아 함께 밥이라도 먹고 싶었지만
우리는 집으로 돌아와야만 했다.

이제 한 사람 남은 명숙 씨는 지금 세광교회를 지키는
사람이다. 명숙 씨는 자신의 나이를 모르고, 숫자를 모른다.
이름도 성, '정' 한 글자를 쓰는데 5년이 걸렸다. '명'자 까지
쓰는데 10년이 걸렸고, 아직도 '숙'자는 못 쓴다. 그러나
단순노동은 누구보다도 잘 한다. 마늘을 까고, 밤을 까고,
파를 다듬는 일은 능숙하다. 과일도 껍질을 벗기는 일은 잘
하지만 예쁘게 자를 줄은 모른다. 명숙 씨는 교회 청소할 때도

열심히 도와준다. 주보를 만들 때 편집하고 접어주면 봉투에 넣어 주고, 접착지를 떼어서 붙이는 일은 정말 잘한다. 명숙 씨가 가진 장점은 아주 많다. 잘 웃고, 늘 유쾌하고, 사람들을 좋아한다. 특별히 우리 손자 손녀들이 명숙 씨를 좋아한다. 명숙 씨도 아이들이 오면 좋아하고, 없으면 심심해한다.

어린 아이와 같은 명숙 씨, 참 어여쁘다. 물론 단점도 있다. 고집이 세서 한번 틀리면 결코 번복하지 않아 언성이 높아진다. 이 부분에 대해서는 우리가 절대적으로 명숙 씨에게 맞추어 줘야만 한다.

명숙 씨는 이제 우리 세광의 진정한 가족이다. 적막한 쐐기골에 명숙 씨의 밝은 웃음이 퍼지니 얼마나 좋은가.

쐐기마을에 찾아 온 **산타**

올 여름 우리 마을에 믿음이 좋은 분이 이사 왔다. 그는 공주 시내에 소재한 교회에 다니는데 교회에서 맡은 직분이 많다는 이야기를 전해 들었다. 그래서 토요일에는 아예 교회에서 지낸다. 더구나 직장에 다니는 사람이라 주중에 만나는 것도 어려웠다. 아무튼 이사 왔다는 이야기만 듣고 얼굴을 보지 못한 채 시간이 흘러가고 있었는데 그가 찾아왔다. 반가운 마음에 이런저런 이야기를 나누는데 이야기를 나눌수록 참으로 마음이 끌리는 사람이다. 목사도 사람인지라 욕심이 생기는 것을 감출 수가 없다.

'아, 이 사람이 우리 교회 성도라면 목회가 얼마나 신날까?'

하지만 속마음을 밖으로 드러낼 수는 없는 일이다. 사실 우리 세광교회에는 기쁜 마음으로 교회를 섬겨주는 성도들이 많이 있다. 교회가 시골에 있고, 넉넉하지도 않고, 시설이 좋은 것도

아닌데 교회를 자랑스럽게 여기며 충성하는 것이다. 그는
이야기를 마치고 일어서면서 금일봉을 내놓으며 겸손하게
말한다.

"교회가 있는 마을에 이사 왔는데 자주 뵙지 못해서
 송구합니다. 교회가 성탄절만 되면 마을사람들을 위해
 선물을 보내고 잔치를 벌인다고 들었습니다. 작지만 보태서
 사용해 주세요."

그가 한 마디 더 보탠다.

"제 이름으로 하시지 말고 교회이름으로, 오직
 주님의 이름으로 해 주셔요."

그가 돌아간 후에 봉투를 열어보았다. 생각보다 많은 금액이
들어 있었다. 엉거주춤 축복의 말도 못했다. 그를 배웅하고
들어오면서 벌써 많은 계획들이 머리를 채운다.

'마을 주민들에게 산타가 되어야 할 텐데 어떻게 하면 좋지?'

행복하고 즐거운 고민이 시작되었다.

'동네 사람들에게 무얼 선물하면 깜짝 놀라며 기뻐할까?'

교회가 쐐기마을에 들어온 뒤 매년 성탄절이면 크던 작던
선물을 나누었고, 때로는 밥상을 차리고 주민들을 초청하였다.
작은 마을이기에 주민들과 밥상공체를 이루고, 또 친해지고
싶어서 애를 썼다. 하지만 하나님을 믿지 않는 주민들이 초대에
응하는 경우는 많지 않다. 그래서 선물을 준비하여 방문을
했다. 때때로 선물을 준비하는 일이 교회에 부담이 되기도
했지만 우리는 최선을 다하고 정성을 다해서 준비 했다. 그런데
이렇게 몰래 산타가 나타난 것은 처음 있는 일이었다. 그는
동네 사람들뿐이 아니라 나에게도 산타가 된 셈이다.

성탄절에 대한 기대로 가슴이 벅찼다. 매년 성탄절 오후에
펼쳐지는 마구간 축제도 변화를 모색했다. 우리들만의 잔치가
아니라 가까운 노인병원이라도 찾아가서 축제를 벌이고,
우리가 받은 선물을 이웃에게 전달하면 좋겠다는 결의를
하였다. 하지만 교회 재정이 넉넉하지 않아 마을잔치는
어떻게 해야 좋을지 고민하고 있었는데 마을을 위한 산타가

나타났으니 얼마나 신난단 말인가?

근사한 마을잔치를 열 생각에 가슴이 뛴다. 지금 예수님도
가슴이 뛰실까? 산타가 되어준 그 분도 지금 내 마음을
들여다본다면 함께 가슴 뛰며 기뻐할 것이다

하나님은 **삼등**

구역교재에 실린 예화 한 편이 며칠 째 내 마음을 붙들고 있다.
'하나님은 삼등입니다'라는 제목부터가 심상치 않다는 느낌이
들더니 종일 나에게 질문을 던지고 있다.

"너에게 하나님은 몇 등이냐?"

진심으로 하나님은 나에게 몇 등일까? 내 아이들이, 내 아내가,
내 교인들이 하나님보다 더 먼저였던 적은 없었을까? 아내는
물론이거니와 내 아이들이 하나님보다 먼저였던 적이 많이
있었을 것이다. 어디 그 뿐이겠는가? 내 체면이 하나님보다 더
중요한 때는 또 얼마나 많았을까?

우리에게 일등은 하나님이 아니라 내가 하고 싶은 일이고,
이등은 해야 하는 일, 그리고 삼등에서야 비로소 하나님을
만나는 일이라는 것이다. 정말 정곡을 찌르는 말이다. 하나님

만나는 일을 세상일 뒤로 미루었던 적이 많았음을 어찌
숨기겠는가? 내가 하고 싶은 일을 우선 마치고, 또 해야 하는
바쁜 세상일을 한 다음에 하나님을 만나니 언제 우리가 제대로
하나님을 만나기나 했었을까? 하고 싶은 일을 다 하고, 해야
하는 일도 다 마친 후에 비로소 하나님을 만나준다는 표현에
가슴 한 쪽이 바늘에 찔린 듯 찌르르 아파온다.

그뿐이 아니다. 우리는 어려운 일이 생길 때도 하나님이
삼등이라는 것이다. 일등은 우선 내 힘으로 한번 해보는 것인데
정말 얼마나 어리석은 일인가? 그럼에도 우리는 반복해서
어리석은 일을 자행하고 있다. 내 힘으로 해보다가 안 되면
가까이에 있는 사람에게 도와달라고 말하고, 그나마도 안
되면 하나님을 부른다는 것인데, 하나님은 진정 우리에게 어떤
분이신가?

나에게 하나님은 삼등이신데 하나님은 나에게 일등이시라는
것이다. 하나님께서는 무슨 일이 있어도 내가 부르기만 하면
도와주시는 분이고, 내가 괴로워할 때는 만사를 제쳐놓고
달려오시는 분이라는 것이다. 내 곁에 아무도 없다는 생각이 들
때에도 홀로 내 곁에 오셔서 나를 위로해 주시는 분, 하나님은

언제나 나에게 일등이신 분인데 나에게 하나님은 삼등이시라는 것이다.

아, 어찌 이런 어리석음으로 살아왔단 말인가? 이야기는 여기서 멈추지 않는다. 어리석은 우리는 하나님과의 거리에서도 삼등이라는 사실이다. 내게 가장 가까이에 있는 것은 나 자신, 그 다음은 내 마음을 알아주는 사람, 그 다음에야 저 멀리 하늘에 계신 하나님을 찾는다는 사실이다.

며칠 곰곰이 하나님을 생각했다. 깊은 반성이 따라왔다.

'나는 하나님 제일주의로 사는가?'

'나는 하나님 만나는 예배를 최우선으로 생각하고 참석하는가?'

'나는 무슨 일을 하던지 하나님을 우선으로 생각하는 하나님이 일등인 삶을 살고 있는가?'

나에게 하나님이 일등이 되시기를 간구했다. 하나님을

일등으로 생각하는 내 모습을 상상하며 그리 되기를 소원했다.
만사를 제쳐놓고 하나님을 만나고, 작은 고비나 큰 고비 때나
나에게 일등으로 가까이 계신 분이 하나님이심을 큰소리로
고백한다.

"주님, 주님은 나에게 일등이십니다."

장애인들, 세종시에 가다

우리 교회 장애인들과 세종시 둘러보기 나들이를 다녀왔다.

명숙 씨, 최춘자-추기준 부부, 손한국 청년, 신교중 권찰

등 휠체어 장애인, 지적장애인, 지체장애인 등 숫자는

적지만 다양한 장애인들과 함께 가까운 세종시 둘러보기가

시작되었다. 가까운 곳을 택한 이유는 휠체어 장애인들이 먼

곳을 가면 힘들어하기 때문이다.

먼저 세종정부청사를 둘러본 다음에 세종인공호수를 찾았다.

세종인공호수는 여러 가지 문화공연과 생태체험이 가능한
축제섬과 물놀이섬, 다양한 수생식물을 관찰할 수 있는 물꽃섬,
생태다양성을 체험할 수 있는 습지섬 등 5개의 주제섬으로
이루어져 있다. 인공호수는 둘레가 8.8Km나 되고, 4.7.Km의
산책로가 조성되어 있다. 국내 최대다. 일산 신도시 호수공원
규모보다 무려 3배나 크고, 축구장으로 치자면 정규 축구장
규격 62배 크기라고 하니까 정말 어마어마한 규모다. 그런데
국내최대라는 말에 비해 실제로는 그리 커 보이지 않는 것은
무슨 이유일까? 가로지르는 다리와 공연장을 둘러보며 사진을
찍다가 너무 더워서 자리를 옮겼다.

이번에는 세종시를 한 눈에 둘러볼 수 있는 밀마루 전망대를
찾았다. 장애인들이 찾기에는 불편한 시설이었지만 42m
높이에서 설명을 들으면서 건설이 진행 중에 있는 세종시를
전망했다. 이미 중앙행정기관인 국무총리실, 기획재정부,
국토해양부, 환경부, 농림수산식품부, 공정거래위원회,
교육과학기술부, 문화체육관광부, 지식경제부, 보건복지부,
고용노동부, 국가보훈처가 이전했고, 2014년에는 법제처,
국세청, 국민권익위원회, 소방방제청 이전까지 모두
이루어진다고 한다. 장대한 세종 행정도시가 그 어마어마한
위용을 자랑하고 있었다.

세종시에는 고복호수공원, 운주산성, 세종시립민속박물관, 향토사료관, 교과서박물관 등이 있다. 점심을 먹기 위해 뒤웅박고을을 찾았는데 아쉽게도 어버이날이어서 예약이 끝나 1시 반이나 되어야 식사가 가능하단다. 일행 가운데는 11시 30분에 점심을 먹는 가족도 있었다. 하는 수 없이 중간에 청국장과 오리주물럭으로 점심을 먹었다. 다행이 청국장도, 오리 주물럭도 맛이 있었다. 점심을 먹고 나서 다시 뒤웅박고을을 찾았다. 뒤웅박고을에서는 어머니의 장독대를 주제로 전시회가 열리고 있었다. 뒤웅박고을 관광은 무료였고, 어버이날 어머니의 장독대를 주제로 한 관광이 의미가 있다는 생각이 들었다. 세종전통장류박물관과 돌에 새긴 어머니의 사랑 열 가지도 새겨보았다.

일행들의 반응이 놀라웠다. 가까운 곳에 이런 곳이 있는 것을 몰랐다면서 참 좋다고 탄성을 지르니 피로가 한꺼번에 확 풀린다. 사실 장애인들은 교회에서 함께 하지 않으면 나들이를 할 수가 없다. 또한 장애인들을 지극한 정성으로 섬겨주는 착한 성도들이 없으면 불가능한 일이다. 소박하지만 앞으로도 우리 장애인 나들이가 계속되기를 바라는 마음이다.

목회와 **노동**

교회당 부지가 1천여 평이 되다보니 교회 주변 관리가
상당히 어렵다. 교회 구석구석을 돌보시던 장진배 장로님이
돌아가시니 잔디 깎는 일도 쉬운 일이 아니다. 용기를 내서
예초기를 짊어지기 시작했다. 처음엔 몸이 자꾸 기우뚱거리고
힘이 들었다.

운동이 부족하면 병이 오는데 육체적인 노동은 큰 유익을
준다. 구절초 가꾸기, 텃밭 가꾸기 등 몇 가지 농사일을 하면서
느끼는 즐거움은 대단히 크다. 일이 있다는 건 행복한 일이다.
예수님도 '내 아버지께서 이제까지 일하시니 나도 일한다
하시매(요한 5장 17절)' 라고 하셨다. 노동은 우리에게 몇 가지
유익을 준다.

첫째는 건강에 미치는 유익이다. 인류는 원래 긴 세월 산과
들에서 노동을 하며 살아왔다. 그래서 우리들의 DNA는 적절한

노동을 할 때 몸과 마음에 균형이 잡히고 행복감을 느끼게
되어 있다. 그런데 요즘처럼 노동을 하지 않고 의자에 앉아
머리만 쓰게 되니 온갖 성인병에 시달리게 된다. 우울증 같은
정신질환도 해마다 늘어나고 있다. 그러나 웬만한 마음의 병과
육신의 병은 육 개월 정도 열심히 노동을 하게 되면 씻은 듯이
사라지게 된다고 한다.

둘째는 잡념이 사라지고 근심에서 벗어나는 유익이다.
호미와 낫을 들고 열심히 풀을 매고 풀베기를 하노라면 마음이
단순하여지고 염려와 근심에서 벗어나게 된다. 자연에서
새소리와 물소리를 들으며 노동에 집중하다보면 영혼도 마음도
순수해지는 것을 실감할 수 있다.

셋째는 생각을 깊게 할 수 있는 유익이다. 대체로 노동은
단순노동이다. 단순노동은 생각에 몰두할 수 있게 해 준다.
노동시간에도 꾸준히 설교를 준비할 수 있다. 노동시간에는
아무런 방해를 받지 않고 생각에 몰입할 수 있다. 이 시대는
사람들로 하여금 생각할 수 있는 마음의 여유를 잃게 한다.
자신이 하는 일을 깊은 생각 없이 되풀이 하다 보면 나중에는
자신이 어디에 와 있는지 조차 모르게 된다. 그런데 노동은

생각을 깊게 할 수 있는 유익을 준다.

넷째는 노동 후에 먹는 밥은 꿀맛이다. 또한 단잠을 잘 수
있게 해 준다. 그래서 노동은 건강과 행복을 가져다준다. 많은
사람들이 소화불량과 불면증을 말한다. 흙에서 멀어지고
노동에서 멀어진 탓이다. 흙을 밟고 서서 노동하는 사람들에게
소화불량이나 불면증은 먼 나라의 이야기다.

다섯째는 노동은 맑고 깊은 영성의 세계로 이끌어
준다. 그러기에 동서양의 영성가들은 노동을 영성수련의
필수과목으로 삼았다. 침묵 가운데 노동에 몰입하다보면 마음
깊은 곳으로 임하는 하나님의 임재를 느끼고, 평강을 누리게
된다. 그래서 마음에 넘치는 기쁨과 행복감을 체험케 된다.

요즈음 노동을 꾸준히 즐겨하는 때문일까? 독서가 잘 된다.
그래서 요즈음 『안철수의 생각』, 『냉전의 추억』, 『리딩으로
리드하라』, 『화술의 달인 예수』, 『탐욕의 시대』 등 두툼한
책들을 즐겁게 읽었다. 문제는 과로였다. 예초기를 메고 잔디를
깎고 갈퀴질을 해서 깎은 잔디를 걷어내는 일을 무리하게
했더니 허리와 엉덩이가 아팠다. 아픈 정도가 심해서 진찰을

받아보니 일종의 디스크라고 한다. 한 주일이 지났는데도 잘
치료가 되지 않는다.

농촌목회를 하려면 노동은 필수다. 운동을 잘 하지 않아 아내가
자주 잔소리를 하는데 아내의 말대로, 아니 나를 위해서,
운동은 물론 적당한 노동을 꾸준히 할 생각이다. 체력을
보강하여 건강한 몸을 만들고, 건전한 노동으로 건강한
목회를 소원한다.

단순하게 살아라

나에게는 세 가지 삶의 기준이 있다. 첫째, 단순하게 살자.
둘째, 서로 좋게 살자. 셋째, 행복하게 살자 이다.

서가에 꽂힌 책 중에 <단순하게 살아라>라는 제목의 책이
있다. 로타르 J. 자이베르트 (Lothar J. Seiwert)와 베르너 티키
퀴스텐마허(Werner Tiki Kustenmacher)가 쓴 책을 유혜자가
번역하고, 김영사에서 출판하였다. 2002년에 나온 책이니까
꽤 오래 되었다. '더 쉽고 더 행복하게 살기'라는 부제가 붙어
있다. 책 제목이 내가 사는 방식과 통하고 내용이 마음에 닿는
것들이어서 수시로 읽는다. 책의 첫 페이지에 장자(壯子)의
글이 실려 있다.

"쉬운 것이 올바른 것이다. 올바르게 시작하면 모든 것이
    쉬워진다. 쉽게 앞으로 나아가라. 그게 올바르다. 쉬운 것을
    찾아내는 올바른 방법은 올바른 방법을 잊어버리고 그게
    쉽다는 것을 잊어버리는 것이다."

인생의 복잡한 모든 일들이 대부분 올바르지 못한 것에서
기인한다. 올바르면 단순하고, 단순하면 삶이 가벼워진다.
다시 말해 쉬워지는 것이다. 쉬워지는 길, 다시 말해서 의미
있게 살아가는 방법을 배워야 하는데 이 중요한 말을 저자는
머리말에서 시작한다.

삶을 단순하게 살 수 있다면 얼마나 좋을까? 단순하게 살면
경쟁하는 것도 사라질 것이다. 그러면 우리네 삶이 얼마나
쉬워지겠는가? 그러나 사람들은 여전히 복잡한 삶을 선택한다.
구부러진 삶을 선택해서 자신의 영혼이 하나님을 떠나는 것을
알지 못한다. 그래서 사람은 곤고한 존재다.

여름이다. 여름일수록 단순하게 살면 좋다. 옷도 단순하게, 아예
벗을수록 좋다고 하면 너무 야한가? 음식도 단순하게 소식하면
좋다고 한다. 하물며 생각을 단순하게 하는 것이 얼마나 좋은
일이겠는가? 단순하여 서로를 좋게 하면 당연히 행복해질
것이다.

아름다운 여운을 남기는 인생

친구로부터 '인생유전(人生流轉)'이란 제목의 긴 메일을
받았다. 술과 도박으로 식구들의 가슴을 졸이게 한 아버지
이야기, 두 형들이 어린 시절 움막집에서 가난하게 살던
이야기, 그럼에도 불구하고 형들이 참 열심히 살았다는
이야기 등 타인에게는 털어놓기 어려운 이야기를 꼼꼼하게
풀어 놓았다. 메일을 읽는 동안 가슴이 울컥했고, 가끔 탄식이
흘러나왔다. 내용을 다시 풀어보자면 다음과 같다.

큰형과 작은형이 목회자였는데 두 형들이 모두 열심히
살았다. 작은형은 출세를 하기 위해서 거의 미치다시피
일했다. 작은형은 '섬기는 목회'가 아니라 예수의 이름으로
가난을 벗어나기 위한 몸부림이 대부분이었음에도 성공했다.
작은형에게 목회는 하나님 나라 확장이 아니라 사업이었다.
작은형은 같은 목회를 하고 있는 동생의 집, 그러니까 친구의
집에 한 번도 오지 않았다. 형은 죽는 날까지 조금도 변하지

않고 일관된 모습이었는데 주 안에서 후배는 있어도 형제는
없다고 했다니 냉기가 느껴지는 말이다. 그런 작은형이
하나님의 부르심을 받았다. 장례식 기간 장조카는 5일간 정말
고생을 많이 했다. 작은 아버지가 식사 한 번 대접한 일이
없는데 조카로서 말없이 책임을 다한 것이다. 장례식이 끝난 후
친구는 작은형수에게 전화를 해서 말했다.

"형수님, 장조카가 장례식 때 고생을 많이 했는데, 이번
기회에 양복 한 벌 해주면 어떻겠습니까?"

형수는 슬프고 처량한 음성으로 답하더란다.

"삼촌, 내가 그런 돈이 어디 있어? 해주고 싶어도 못해."

그러나 형수는 부동산을 팔아 수십억 원을 손에 쥐었고, 큰
장학금을 내놓았다고 한다. 이번에는 그 작은형수가 생을
마쳤는데 모든 걸 정리하니 현찰 및 부동산을 합쳐 표현하기
민망할 정도로 재벌이었다고 한다. 누구를 위해서 그토록
소유에 집착했던 것일까? 형수는 사실 형제들에게 이자놀이를
하면서까지 돈을 모았다고 했다. 그러나 세상을 떠날 때는

동전 한 닢도 가져가지 못했다. 하나님 앞에서 얼마나
부끄러웠을까? 그들은 하나님을 정말로 믿기는 한 걸까?
하나님을 믿었다면 절대로 그리 할 수 없었을 테니 말이다.
친구는 기막힌 상황에 공황을 느낄 정도로 충격을 받아 나에게
상담을 요청하는 긴 메일을 보내왔던 것이다.

목사가 머문 자리에서는 반드시 신령한 소리가 들려야
한다. 사람은 누구나 죽는다. 죽지 않고 영원히 사는 사람은
지금까지 단 한 명도 없다. 세상에 사는 동안은 차별이 있을지
몰라도 죽음 앞에서 세상 것은 어느 것 하나도 가져갈 수
없다는 것은 확실하고 공평하다. 사람은 아름다운 마무리가
중요하다. 머문 자리가 아름다워야 한다. 물론 많은 물질을
남겨놓고 가면 유익하게 쓰여 질 것이다. 그러나 살아있을
때 가까운 가족이나 어려운 이웃에게 넉넉한 사랑을 남기는
삶이 더 중요하다. 예수님을 믿고 성경의 말씀을 따라 언행을
일치하기란 결코 쉬운 일은 아니다. 하지만 우리는 믿음의
선한 길을 달려가야만 한다. 그렇지 않고는 하나님을 믿는
사람이라고 말할 수 없다.

일본의 오사카 고등법원의 형사부 총괄 판사였던 오카모도

겐의 이야기를 다시 기억해 본다. 그는 36년 동안이나 재직했던 판사직에서 퇴임했다. 큰 사건들을 맡아 처리해오던 유명한 판사였던 그가 정년퇴임까지 5년이 더 남았는데도 일을 그만두자 사람들은 모두 겐이 변호사 개업을 할 거라고 생각했다. 그러나 겐은 전혀 엉뚱한 곳을 찾아갔다. 바로 집 근처에 있는 요리학원이었다. 그는 요리사 자격증을 따서 음식점을 내겠다는 각오로 60이 다 된 나이에도 불구하고 하루도 빠지지 않고 학원에 나갔다. 오카모도 겐은 손자뻘 되는 젊은이들과 함께 칼 쓰는 법과 양념을 만드는 법, 야채를 써는 방법부터 차근차근 배우기 시작했다. 그리고 마침내 1년 만에 요리사 자격증을 따고, 자신이 일하던 법원 앞에 두 평 남짓한 간이음식점을 차렸다. 유명한 판사였던 그를 알아보는 손님들은 많았다. 사람들은 모두 판사직을 그만두고 음식점을 낸 것을 궁금해 하거나 이상하게 생각했다. 그럴 때마다 그는 이런 말을 해 주었다.

"재판관이 되어 사람들에게 유죄를 선언할 때마다 가슴이 아팠습니다. 나는 그 일을 36년이나 해 왔죠. 재판관은 사람들에게 기쁨을 줄 수 없습니다. 나는 36년 동안 행복하지 않았습니다. 식당 주방장이 되더라도 남에게 기쁨을 줄 수 있다면 행복할 거라 생각했습니다."

오카모도 겐은 남에게 죄를 정하고 벌을 주는 일이 싫어서 남은
삶은 사람들을 기쁘게 하며 살고 싶었다고 했다. 그리고 그는
무척 행복하다고 했다. 그의 작은 음식점 이름은 '친구'이다.
그 이름 속에는 그의 음식점을 찾는 사람들뿐만 아니라 모든
사람들과 친구처럼 지내고 싶은 그의 오랜 소원을 담고 있었다.

아름다운 여운을 남기는 인생 마무리가 아쉽다. 과연 나는
무엇을 남기고 갈 것인가? 가난하고 힘없는 사람들에게
'친구'로서 따뜻한 온기를 나눌 수 있는 소박한 삶이
되기를 소원한다.

깊은 밤의 **간구**

깊은 밤, 동료 목사들이 모여서 한 동역자의 아픈 이야기를
들었다. 세상에 태어난 지 얼마 안 되어 어머니가 가출하였고,
결국 할머니 손에 자라게 된 어린 시절의 이야기가 참 가슴
아팠다. 더구나 어머니와 갈등을 겪는 이야기는 겪어보지
않은 사람은 도저히 이해할 수 없는 이야기들이어서 저절로
한숨이 나왔다. 정말 그 긴 세월을 어떻게 견뎌 왔을까? 참으로
측은하여 덥석 손이라도 잡아주고 싶은 심정이었지만 조용히
그의 이야기를 계속 들어야 했다.

어머니는 어머니대로 시어머니에게 아이를 빼앗긴 억울하고
아픈 마음을 평생 안고 살아야만 했는데, 어린 손자는 어머니의
존재를 전혀 알지 못한 채 살아야 했다. 설상가상 20세 나이에
시골 방앗간에서 팔을 하나 잃는 장애를 입으면서 정신적,
신체적, 정서적으로 깊은 상처 속에서 청년시절을 보냈고,
결혼생활을 하면서 목회여정 또한 순탄치 않았다. 이제는

할머니도 돌아가시고 어머니도 돌아가셨다. 문제는 어머니와의
사이에서 생긴 상처로 인하여 어머니 장례식에도 갈 수
없었다고 말했다. 누가 그 큰 고통을 알까?

그에게 닥친 고난은 거기서 끝나지 않았다. 몸이 아팠던 아들이
그만 세상을 떠난 것이다. 생떼 같은 자식을 잃는 고통, 아들의
갑작스런 죽음에 지금도 가슴이 텅 비어 있다고 말하는데
그 가슴을 무엇으로 채울꼬? 그도 목사이기 전에 아들이고,
아버지이며, 한 인간 아닌가? 도대체 하나님은 왜 한 사람에게
유독 이렇게 큰 고난을 준단 말인가? 그럼에도 하나님은
그를 크게 위로하셨다. 그에게 좋은 아내를 주신 것이다. 그는
아내를 잘 얻어서 목회사역을 잘 할 수 있었다고 고백한다.

안타깝게도 그가 이제는 교단을 떠나려고 생각하고
있다. 교단은 아무 잘못이 없다. 다만 그 안에 들어있는
인간관계이다. 우리는 집단 상담처럼 그의 이야기를 경청하고
한 마디씩 사랑의 권면을 했다. 나도 한마디 보탰다.

"목사님, 목사님에게 제일 급한 일은 어머니와의 화해
같습니다. 이미 가신 분이지만 어머니께 편지형식으로라도

하고 싶은 말을 써서 무덤에 찾아가 다 털어 놓으십시오.

그렇게 화해를 하신다면 목사님은 무거운 짐을 내려놓게 될

것입니다."

그의 긴 이야기가 끝나자 우리는 모두 그를 샌드위치 포옹으로

손에 손을 잡고 그를 위해 기도하였다. 부디 상처가 치유되고

아름답고 행복한 목회와 가정을 이루도록 간절한 마음으로

기도한다.

2부

예배당에 다녀간 **천사들**

" 감사합니다.

부족한 사람을 초대해주셔서 감사했습니다.

떡과 점심 잘 먹고,

예배도 드리고 뜻 깊은 시간을 보냈습니다.

나도 모르게 눈물이 나오고,

은혜 받은 모양입니다.

드릴 것이 없어서

집에 있는 것 가져왔으니 받아주세요.

하나님께서 기뻐하셨습니다.

장애인과 함께하는 목사님, 사모님, 권사님

열심히 사는 모습이

너무나 보기 좋습니다. "

편지와 함께 예배당 입구에 짐 꾸러미가 있었다. 쌀, 된장,
소금, 쇠꼬리, 바둑판, 바둑알, 장기, 붓, 연필, 치약, 비누,
화장품, 동의보감 책, 프라이팬, 호박씨, 상추씨, 배추씨.......
등등. 누구일까? 곰곰이 생각하다가 지난 주 새 가족을 데리고
나온 최 권사님에게 전화를 했다. 이야기를 듣고 깜짝 놀란
최 권사님은 알아보고 전화를 하겠다고 한다. 잠시 후 전화가
왔는데 새 가족이 가져온 것이 맞는다는 것이었다. 감사해서
전화를 걸었다. 차도 없으신 분이 어떻게 그 많은 것들을
가져왔나 궁금해서 물었더니 그가 말한다.

"끌개에 짐을 싣고 쐐기골까지 걸어갔지요."

세상에, 공주 시내에서 쐐기골까지 걸어오다니, 왕복 16km나
되는 길이다. 더구나 새 가족은 건강한 분이 아니다. 걱정을
하자 새 가족은 오히려 밝은 목소리로 말했다.

"지금은 허리와 다리가 조금 아파요. 하지만 세광교회에 가는
 길이 신이 나서 콧노래를 불렀어요."

도로공사로 인하여 길이 엉망이다. 더구나 인도가 없는 길이다.

위험한 차도뿐인 길이 왕복 16km가 넘는다. 그 길을 끌개에
짐을 가득 싣고서 다녀갔다니 가슴이 서늘해진다. 가슴에
후드득 빗방울이 떨어지는 것처럼 먹먹해진다. 나도 모르게
중얼거렸다.

"천사다!"

종류도 다 헤아리기 어려울 만큼 많은 선물을 끌개에 싣고서
콧노래를 부르며 왔을 새 가족의 모습, 아무도 없는 예배당에
선물만 내려놓고 다시 그 길을 노래하며 되짚어 돌아가는 그의
콧노래가 들려오고, 그가 흘렸을 땀방울도 선명하게 보였다.
말할 수 없는 기쁨과 감동과 감사가 가득 밀려왔다.

"주님, 그에게 하나님의 복을 내리소서."

새 가족 천사로 인해 뭉클해진 가슴이 진정되기도 전에 또 다른
천사가 나타났다. 이번에는 도움을 구하는 천사다. 그는 한 쪽
날개가 없다. 잃어버린 한 쪽 날개를 찾기 위해서 나에게 온
것이다. 그의 날개를 찾으려면 6만 원이 있어야 한다. 천사가
말한다.

"부도가 나서 일체의 카드와 통장, 그리고 전화도 없는
절망상태입니다. 당장 여기저기 다녀야 할 곳은 많고, 저의
딱한 사정을 알고 누가 낡은 차를 줘서 타고 다니는데 키가
고장 났습니다. 고치는데 6만 원이 필요합니다. 목사님께서
도움을 주셨으면 좋겠습니다."

키를 분실해서 깎는데 3만 원이니 맞는 말 같다. 문제는 내게
그만한 돈이 있느냐이다. 새해 들어 주머니가 말라서 연금과
퇴직금을 넣지 못했지만 나를 찾아 온 천사를 홀대할 수가
없다. 집에는 전기요금을 내야 할 돈밖에 없다. 하지만 망설일
이유가 없다. 연체가 되어도 전금요금을 나중으로 미루면 된다.
천사에게 6만 원을 내밀자 천사가 환하게 웃는다. 그의 어깨에
날개가 다시 달리는 것이 보인다. 하지만 내가 달아준 날개는
너무 작다. 다시 날기에는 어림도 없다. 하지만 그 작은 날개가
용기와 인내와 희망을 줄 것이다. 나는 천사에게 예수님을
믿느냐고 묻는다. 천사는 주저하듯 말한다.

"예전에는 다녔는데 지금은 안 다니고 있습니다."

나는 천사에게 어떤 상황에 놓여도 신앙생활 할 것을 권면한다.

천사는 가만히 내 이야기를 듣는다. 천사가 말한다.

"머리로는 이해가 되는데 아직 가슴까지는 오지 않습니다. 그러나 저를 믿어줘서 고맙습니다. 용기가 생기고 마음이 따뜻해집니다."

돌아가는 그의 뒷모습을 보고 중얼거렸다.

'천사를 믿지 않고 누구를 믿고 사나?'

생명을 살리는 나라를 꿈꾼다

단 한 명의 승객을 태운 비행기가 1만여㎞를 날아 미국
조지아주 도빈스 공군기지에 착륙했다. 대기하던 구급차는
경찰차들의 호위를 받으며 24㎞를 달려 애틀란타
에모리대학병원 내 미국 질병통제예방센터에 도착했다.
우주복 같은 두꺼운 방호복을 입고 구급 요원에 의해 격리된
병실로 안내된 사람은 서아프리카 라이베리아에서 에볼라
바이러스 감염자들을 치료하다 전염된 켄트 브랜틀리 박사다.
'하나님의 부르심 때문'에 라이베리아에 의료봉사를 갔다는
그는 에볼라 바이러스에 감염된 환자들을 돌보다 지난달
쓰러졌다. 미국 정부는 반발 속에도 '에볼라 감염자도 미국
국민'이라며 브랜틀리 박사의 송환을 강행했다. 영화 '라이언
일병 구하기'처럼 수십 명의 병사를 투입해 적군에 붙잡힌
단 한 명의 자국민 포로를 구해내고, 전직 대통령을 특사로
파견해 북한에 억류된 자국민을 구해내는 나라 미국이 부러운
순간이다.

세월호 참사에 대한 원인 규명과 특별법 제정 난항, 그리고
육군 28사단 윤 모 일병 폭행 사망 사건은 국가의 존재 의미를
새삼 생각하게 한다. 자국민 보호는 헌법이 규정한 국가의
의무다. 국민들은 국가가 울타리가 되어 주리라는 믿음으로
납세의무와 병역의무를 기꺼이 진다. 전쟁이 벌어진 것도
아닌데 멀쩡한 아들이 병역의무를 다하기 위해 군대에
갔다가 맞아죽거나 폭력을 못 견뎌 자살하는 상황을 어떻게
받아들여야 할까? 정작 싸워야 할 적은 밖에 있는데 동료
병사들에게 총부리를 겨누는 군대가 정상인가? 몇몇 병사들의
일탈로 치부하기에는 너무 중증이다. 그렇게 숱한 총기 사망
사건과 구타 사망 사건이 발생했는데도 여전히 똑같은 사고가
발생하는 것은 구조적 문제라고 볼 수밖에 없다.

박근혜 대통령이 말했다.

"있어서는 안 될 사고로 귀한 자녀를 잃은 부모님과 유가족을
생각하면 너무나 마음이 참담하다."

세월호 사건 후에도 대통령은 말했다.

"온 국민이 소중한 가족을 잃은 유가족들의 아픔과 비통함을 함께하고 있다. 국민의 생명과 안전을 책임져야 하는 대통령으로서 국민 여러분께서 겪으신 고통에 진심으로 사과드린다."

하지만 대통령이 아파하고 비통해 하는 모습은 어디서도 발견되지 않는다. 대통령은 결코 사과하는 모습을 보이고 있지 않다. 대통령에 대해 나만 그렇게 생각하고 있을까? 안타깝게도 국민들 대부분 나와 생각이 다르지 않을 것이다. 국민들은 대통령의 진정성을 의심한다. 지금 당장은 병영문화혁신위원회를 만들고, 병영 내 휴대전화 허용을 검토하겠다고 호들갑을 떨지만 몇 달 지나면 잊혀 질 것이다.

생명을 존중하고 죽어가는 생명을 살리는 나라를 꿈꾼다. 좀 더 안전하고 살맛나는 세상을 꿈꾼다. 이 땅에 하나님 나라와 그 의를 세우자. 그를 위하여 우리 모두 기도를 모으자. 깨어 일어나 말씀과 기본을 지키자.

광복절에 맞은 **일본 손님**

대전노회와 일본 교토교구는 자매결연을 하여 격년제로 서로의
나라를 방문한다. 작년에는 우리 대전노회 식구들이 일본을
방문했고, 올해는 일본 사람들이 우리 대전노회를 찾아왔다.

대전노회가 일본 사람을 초청하는 시기는 가장 무더운
8월이다. 무더운 8월에 손님을 맞는 이유가 있다. 그것은
8월 15일 광복절에 독립기념관을 찾아가서 일본의 만행을
보게 하는 것이다. 피해를 본 한국에서 저들의 침략 역사를
체험하도록 하는 것이다. 물론 의미가 있는 일이다. 그러나
지금은 화합해야 하는 시대이다. 과거 일본의 만행을 기억하는
것도 중요하지만 다시는 그런 만행을 되풀이하지 않는 것이 더
중요하다고 생각한다. 한여름 폭염 가운데 땀을 뻘뻘 흘리며
자신들의 조상들이 저지른 만행을 보아야만 효과가 있는 것은
아닐 것이다. 오히려 무더운 여름보다는 10월이나 11월초 고운
단풍의 계절에 방문하여 이 아름다운 땅에서 그들 선조가

벌였던 만행을 살펴보도록 하는 것이 더 효과가 있지 않을까 생각하면서 일본 손님들과 함께 보낸 일정을 적어 본다.

교토교구(京都敎區)와 대전노회(大田老會) 교환프로그램은 올해(2013년)로 6회 째를 맞는다. 16일 아침 일찍 천안 상록리조트에 가서 모리시타 코우(森下耕) 목사, 박실(朴実) 마당센터장, 오히라 유키(大平有紀) 목사, 나가타 마유미(永田真由美) 자매, 타니무라 코우타(谷村耕太) 청년 등 5명을 태우고 공주로 달렸다.

공주는 백제문화의 역사고장으로 보여 줄 것이 많다. 논산에서 통역 고현정 선생을 태우고 오는 김진양 목사와 공산성에서 만나기로 했는데 문화해설사 안영순 선생이 왕릉에서 만나자고 하여 왕릉과 공주박물관을 둘러 본 후 한옥마을에서 점심을 먹었다. 이어서 공산성을 산책한 후 작년에 박물관 문을 연 제일감리교회 역사관을 둘러보고, 한국 구석기 유물이 전시된 석장리 선사유적박물관에서 일본 구석기의 시작 '이와주쿠 특별전'도 둘러보았다. 일본 손님들의 눈이 반짝거렸고 입에서 연신 감탄과 놀라움이 쏟아졌다. 그들 문화의 뿌리가 한국 땅에서 시작되었음을 확인하는 순간이었다.

대형교회인 공주중앙장로교회도 방문했다. 일본 손님들은

교회의 규모에 놀라워했다. 공주 중앙장로교회는 한국의

초대형 교회에 비하면 규모가 큰 교회가 아니다. 하지만,

일본의 작은 교세를 생각해 볼 때 공주중앙장로교회의 규모에

놀라는 것은 당연했으리라. 전갑재 담임목사가 직접 손님을

맞이하여 교회를 자세히 안내하였다. 공주중앙장로교회는

1947년 4월 27일에 공주읍 반죽동에서 교회 설립예배를 드렸고,

1980년부터는 공주시 교동시대를 열었다. 1990년, 제 12대

전갑재 목사가 부임하면서 부흥을 거듭하여 2006년에 현재

위치인 월송동 시대를 열었다. 공주중앙장로교회는 열정적으로

복음을 전하는 것은 물론 사랑의 연탄나누기, 저소득층이나

독거노인들에게 밑반찬 지원 등 지역사회 복지증진을 위해서도

다양한 일들을 하고 있어 교회에 다니지 않는 사람들에게도

많은 칭찬을 받는다.

우리 기장교단인 유구 신대교회가 우리를 저녁만찬에 초청해
주었다. 마을 언덕에 우뚝 서서 온 동네가 다 내려다보이는
신대교회, 교회 마당에 서니 한낮의 뜨거운 열기는 간 곳 없고
시원한 바람이 마음을 상쾌하게 한다. 새로 부임한 이완기
목사와 성도들이 힘써 마련한 저녁식탁은 사랑과 정성이
가득한 최고의 만찬이었다.

맛있는 저녁으로 행복해진 우리 일행은 쐐기골 세광교회로
달려갔다. 일본 손님들에게 세광교회를 소개하였고, 설명이
계속되는 동안 일본 손님들의 얼굴에서 환한 미소를 보았다.
세광교회는 성도들 한 사람 한 사람이 감동으로 남아있는
교회이다. 세광교회 성도들은 장애인들 섬기기를 제 몸 같이
하였다. 장애인들 역시 세광교회에서는 조금도 미안해하지
않고 비장애인 성도들이 주는 사랑을 마음껏 누렸다.

교회 소개가 끝난 다음에는 2010년, 일본에 다녀 온 사진과
기념 물건들을 보여주면서 추억을 되새겼다.

17일, 목조로 지어진 아름다운 사택에서 단잠을 잤다.
산새들의 지저귐을 들으며 잠을 깬 손님들은 우선 게이트
골프를 즐긴 후 아침을 먹었다. 준비한 것이 많지 않았지만
아내가 마련한 정성스런 밥상이었다. 식사를 끝내고 곧장
부여 백제문화재현단지로 이동했다. 부여에서는 위원장
권오성 목사와 신민주 목사, 그리고 김진양 목사가 함께 했다.
사비궁과 백제문화역사관을 둘러보는 동안 일본 손님들은 연신
감탄을 쏟았다.

18일, 대전 한성교회에서 송별회가 있었다. 공주시의회 의장의
선물과 함께 공주향토문화연구회가 만든 공주시 기념 도자기,
백제문화제추진위원회가 만든 기념주화와 홍보물을 전달했다.
저녁에는 해발 624m 식장산으로 안내하여 대전의 아름다운
야경을 보여주었다. 대전의 야경은 남산에서 바라보는 서울의
야경 못지않게 아름답고 훌륭하다. 일본 사람들은 대전의
야경을 바라보면서 감탄을 쏟았다. 또한 식장산의 청정한
공기와 바람은 한낮에 흘린 땀을 말끔히 씻어 주었다.

사흘 동안 최선을 다해 손님을 맞이하고, 시간과 물질과 정성을 다해 안내했다. 그것은 우리가 일본에 갔을 때도 마찬가지였었다. 일본에서 우리를 친절하게 안내해 주면서 호즈가와쿠다리를 구경시켜준 마유미 자매를 한국에서 다시 만나게 되어 정말 기뻤다. 굉장히 유쾌한 사람 타니무라 목사의 아들 코우타는 옆에 있기만 해도 덩달아 기분이 좋아지는 사람이었다. 헤어질 생각을 하니 섭섭함에 마음이 울컥했다.

일행은 유성에서 1박을 하고, 20일 아침 일찍 서울로 이동했다. 성남교회를 들린 다음 서울 자유 관광을 하고, 오후 7시 10분 인천발 오사카행 비행기에 올랐다.

손님들이 14일 입국하면서부터 20일 출국하기까지 그분들의 이동과 안내를 총괄한 최형묵 목사와 최종선 목사, 두 전문위원들의 노고가 컸다. 민간외교가 한국과 일본, 두 나라 역사발전에 아름다운 기여가 되었으면 좋겠다.

당차고 예쁜 **이영미** 집사

지난주일 교회창립 29주년 교회직원 임직예배가 있었다. 실은
내년에 30주년 거창한(?) 행사를 계획했었는데 예상치 못한
일이 일어나 임직식이 앞당겨졌다. 그래도 명예권사 되신
89세와 82세의 권사님들에게는 너무 늦은 감이 있는 행사였다.
행사하면 신나는 필자다. 이번 행사는 더 신나는 행사였다.
목사의 계획이 아니라 성도들의 뜻과 하나님의 뜻에 순종하는
행사여서 더 큰 의미가 있었다. 임직을 하시는 당사자들은
하나님과 교회를 크게 사랑하여 많은 헌금을 하였다. 또한
성도들의 협력이 있었고, 여러 목사님과 이웃 성도들의 사랑이
더해졌기에 은혜롭게 예식을 마칠 수 있었다.

이번에 임직식을 하면서 명예 권사님들에게는 꼭 예쁜 한복을
맞춰드리고 싶었다. 평생 교회를 섬기시던 분들이기에 마음을
다해 목사의 사랑, 교회의 사랑, 하나님의 사랑을 전하고
싶었다. 하지만 명예권사 두 분이 모두 극구 사양하시며 평소

입으시던 한복을 입으셨다. 우리 누님들(?)은 있는 옷도 죽을 때까지 다 못 입는다며 얼굴 가득한 미소가 참으로 아름다웠다.

아참, 이번 행사에서 특별히 이영미 집사의 수고를 이야기하고 싶다. 이 집사는 88년도에 등록했으니까 25년차 세광인이다. 글씨를 잘 써서 주보를 만들기도 하고, 여러 부서에서 서기를 했다. 이영미 집사는 친화력이 좋다. 이 집사가 있는 곳은 웃음꽃이 흐드러지게 핀다. 이번 행사를 앞두고 이영미 집사는 손님이 100여 명 올 거라고 예언(?)하더니 음식을 넉넉하게 준비해야 한다는 당찬 각오를 보였다. 이영미 집사는 키가 작은데, 작은 고추가 맵다는 것을 확실하게 보여주었다. 손님이 정확히 100명 남짓했다. 손님의 숫자를 목사인 나보다도 정확하게 알아내니 참으로 신통하다. 이영미 집사는 임직자들 꽃다발 준비는 물론 식당 두 곳을 오가며 떡과 과일을 준비하는 등 빛나는 기지를 발휘하였다.

물론 모든 성도님들이 혼연일체가 되어 행사를 준비했고, 잘 마쳤다. 특별히 임직자분들에게는 십자가를 선물하였다. 끝까지 십자가 붙들고 승리하여 하나님께 영광이 되기를 간절한 마음으로 빌었다.

행사가 끝나고 손님들이 돌아간 다음 수고하는 성도들을
돌아보았다. 성도들은 정리를 하느라 여전히 바쁜 모습이다.
그 중에 이영미 집사는 종달새처럼 뛰어 다닌다. 참 예쁘다.
예수님도 이영미 집사가 예뻐서 저절로 미소를 지으셨을
것이다.

우리나라의 역사는 **하나님의 역사이다**

법무사 신흥식 목사 이야기

총회 게시판에 광천 평지교회 신흥식 목사에 대한 기사를 올린
적이 있다. 게시판을 본 전 기장역사위원장 고민영 목사를
서울에서 만났는데 언제 한번 만나보고 싶다는 뜻을 내비친다.
신 목사께 전화를 드렸더니 기쁘게 여겨 날을 잡았다.

미리 내려와 목욕까지 마친 고민영 목사를 모시고,
신흥식법무사무소를 찾아갔다. 평범하지 않은 경력의 소유자
신흥식 목사께서 기쁘게 영접해 주신다. 신흥식 목사의
이야기는 뜸들이지 않고 술술 나온다. 신 목사가 들려준
이야기는 대략 이렇다.

1950년 보령 청소에서 태어난 신흥식 목사는 초등 5학년 때
십리나 되는 교회를 걸어서 다녔고, 졸업 후 가난으로 중학교에
진학을 하지 못했다고 하신다. 우연히 천자문을 외우는 소리를
듣고 아는 분의 소개로 20리나 떨어진 서당을 다니게 되었는데

그곳에서 한문을 배웠고, 서당 선생님에게서 한문에 탁월한 재주가 있음을 인정받았다고 한다. 그는 큰 뜻을 품고 서울행 기차를 탔고, 서울 광화문에서 맨몸으로 신문배달로 생계를 이어갔다고 한다.

신흥식 목사가 들려주는 이야기는 계속 심금을 울린다. 건물 수위가 승강기를 못 타게 해서 15층이나 계단을 날마다 걸어서 신문 배달을 했다는 이야기에는 마음 끝이 시려온다. 승강기를 못 타게 막아서서 어린 소년으로 하여금 15층을 걸어 올라가게 했던 그 수위는 지금 어떻게 되었을까?

소년 신흥식은 무려 5년 동안 신문 배달을 하면서도 성경구절을 암송하고 한문공부를 손에서 놓지 않았다. 군에 복무할 나이가 되자 군에 입대, 전방에서 군복무를 마쳤다. 마침 신문에서 검찰 사무직 시험이 있다는 걸 알고 단 두 달 공부해서 검찰사무직 공채 시험에 합격해 서울고등검찰청에서 15년을 근무했다. 공무원으로 근무하던 중 관보에 고입과 대입 검정고시가 있다는 걸 알고 이미 공무원이 되어서 학력이 절실하지는 않았지만 시험에 도전해 합격한다. 그리고 방송통신대학 중국어과에 입학해 학사졸업을 한다.

이제 대학을 졸업한 어엿한 공무원 신분으로 결혼을 한 그는
처가동네 광천에 문을 닫게 된 시골 교회 설교자로 주일마다
장항선 열차를 타게 된다.

1984년 5월 광천제일교회에서 첫 설교를 했던 그는 1990년도에
공무원을 사직하고, 검찰 공무원 경력으로 딴 법무사의 길을
걷게 된다. 공무원 신분에서 벗어나자 시간에 자유로움이 있던
그는 곧장 서울신학대학교 대학원에 진학하여 신약신학을
공부하고, 이어서 성균관대학교 대학원에 진학해 유교경전을
공부한다. 그리고 다시 한신대학교 신학대학원에 입학하여
조직신학을 전공하였고, 기장에서 목사가 된다.

광천제일교회를 평지교회로 명칭을 바꾼 경위가 궁금하여
물었더니 신흥식 목사의 대답이 참 시원하다.

"곳곳에 제일이라는 말을 많이 쓰는데 교만한 표현이라는
 생각이 들었습니다. 평지, 좋은 땅, 낮은 곳, 평범, 평안한 땅을
 의미하는 평지라 교회 이름을 바꾸었지요."

신흥식 목사는 우리나라 역사가 하나님의 역사라고 말한다. 그

이유가 너무나도 궁금하여 물었다. 그의 대답을 함께 들어보자.

"1801년 순조 1년부터 병인박해 대원군까지 천주교 신자들의
큰 박해로 이 나라 강산을 피로 물들였어요. 그 피의 대가로
1905년 러일전쟁에서 일본이 이긴 후 바로 통감을 설치하고
외교권을 박탈당했고, 1945년 해방되기까지 40년의
광야생활이 있었다는 역사는 다 아는 이야기지요? 하나님의
기적적인 은혜로 해방이 되었으나 신사참배를 정당화하는
등 온전한 회개를 하지 않아 다시 5년 만에 하나님의 경고로
6.25 동족상잔의 고통을 겪게 됩니다. 북방(양)이 남방(음)을
공격하여 거의 전멸 직전에 하나님의 개입으로 휴전이 되는데
그 결과 양이 음을 공격하면 자녀가 생산되듯 남한에서는
하나님의 자녀들이 많이 생겨 교회가 급성장했습니다. 또
한편으로는 1945년 해방은 곧 분단으로 2015년이면 분단
70년이 되는데 천만 성도가 그간의 죄를 진심으로 회개해야
합니다. 특히 우리 기장은 1953년에 새 출발을 했는데 쫓겨난
것은 안타까운 일이지만 한국기독교장로회 총회를 만든 것을
비롯해서 무려 150여 개나 되는 장로교 총회가 생겼으니
총회總會란 하나뿐이어야 하는데 참람한 죄를 지었지요.
이점을 회개하여 역사에 책임지는 교단이 되면 통일이나

통일에 근접하는 남북관계에 큰 변화가 올 것이 분명합니다.
사실 총회장은 오직 하나 뿐이어야 하고, 부회장이면 되는데
부총회장이라는 말을 써서 거느리는 총總자를 좋아들
하는데 교만, 권력을 좋아하는 결과이지요. 부총회장이란
대통령, 부통령이면 되는데 부대통령이라고 하는 말과 같이
문법에도 맞지 않는 용어인데 그 용어를 아무 생각 없이
사용하고 있어요. 모쪼록 우리나라 역사는 하나님의 역사이고,
하나님이 함께 하시는 역사입니다. 정다산의 목민심서가
기본이 되어서 최제우의 동학, 전봉준과 김개남의 농민운동,
이상재의 만민공동회, 평민들의 교회로 이어져서 유영모,
함태영, 함석헌, 송창근, 김재준, 장준하의 기장교회로 지금
우리들에게까지 왔다고 생각합니다. 그래서 기장교회는
더더욱 한국인들이 모두 공감할 수 있는 신학을 만들어야
합니다. 고통을 이기며 살아가는 백성들을 위로하는 일도
중요하고, 더 중요한 것은 돌아가신 분들에 대한 이야기가
있어야 한다고 생각합니다. 제사문제와 사후문제를 다
포괄하는 성경의 내용을 깊이 파내어서 조상님 제사에
매달리는 한국인들이 납득할 만한 신학을 만들어 그야말로
한국신학을 재창조하여 하나님 나라 역사를 새롭게 이어가야
한다고 생각합니다."

신흥식 목사의 이야기를 들으면서 그가 얼마나 하나님을 사랑하며 우리 기장을 사랑하는지 알 수 있었다. 특별히 신흥식 목사는 지역 노인들을 잘 섬기고 어려운 사람들을 잘 돕는 것은 물론 대접하기를 즐겨하시는 목사로 이미 정평이 나 있는 분이다.

입춘지절에 한학에 조예가 깊은 유학자이며, 우리나라 역사를 하나님의 역사로 통찰하고 있는 신흥식 목사를 만나면서 역사 인식을 새롭게 했다.

헌금을 내 놓아라

한국기독교선교 100주년에 세워진 세광교회는 끊임없이
선교를 강조해왔다. 선교후원을 받는 교회에서 선교하는
교회로 선포한 후 지속적으로 해외선교, 지역불우아동선교,
장애인선교, 농어촌미자립교회 전기세 지원 등 작지만 꾸준히
노력해 왔다.

1998년 9월 교회창립 14주년 이곳 주봉성전봉헌과 함께
담임목사 취임 및 장로 권사임직식이 있었다. 행사기념품 비용
등 예산을 세우고 준비하는 중에 바울선교회 회보를 받아보게
되었다. 매월 발행되는 회보 뒷면에는 바울선교회 캠페인이
나온다. 그날따라 '행사나 집회에 기념품을 만들지 맙시다!'
라는 제하에 '행사 기념품은 곡식창고 불 질러 튀밥을 튀어
주워 먹는 격이다.'라고 지적한 글이 있었다. 교회행사(기념식,
목사 장로 임직식 등)나 수련회, 혹은 세미나에 수건, 가방, 등
기념할 만한 문구를 적은 기념품을 만들어 나누는데 가져와

보면 집에 얼마든지 있는 용품이거나 생활에 큰 보탬이 되지 않는 소모품이라는 것이다. 기념품값으로 지출되는 돈이 개인에게는 작은 돈이지만 모으면 큰돈이고, 선교지에는 200만 원만 보내도 예배당 하나 지을 수 있으니 행사 기념으로 교회당 하나 건축하자는 제안이 눈에 확 들어왔다.

당장 제직회에 붙여 이번 행사 후에는 경비를 절약하여 교회창립 14주년 기념교회를 하나 세우자고 제안하였다. 지극히 옳은 제안에 반대하는 교인이 하나도 없다. 모두가 기쁜 마음으로 찬성해 주었다. 바로 바울선교회에 연락하여 찾아보니 필리핀 팔라완 남부 부룩스 포인트에서 선교하는 장선교사가 연결되었다. 120가구에 1,200명 인구가 사는 곳에 교회를 짓는다고 하여 우리 교인들이 정성껏 드린 헌금 250만 원을 보냈다. 그런데 결과보고를 받지 못했다. 교회가 잘 지어졌다는 소식이 없었던 것이다. 오른손이 한 것을 왼손이 모르게 하라고 예수님이 말씀하셨지만 교인들이 정성을 모은 거라 참으로 민망했다.

재작년 기아대책 여름대회에 갔다가 아프리카 부르키나파소에 평신도 선교사로 250여 개의 교회를 건축하고 고아원,

육영사업, 의료선교, 목회자세미나, 우물파기 등 활발한
선교사역을 펼치고 있는 서혜경 선교사를 만났다. 동영상과
함께 서 선교사의 간증은 감동이었다.

그해 연말 우리 교회에서는 주일공동식사를 하지 않고
전교인이 금식헌금을 드리며 기아대책을 위한 예배를 드렸다.
그리고 서 선교사의 선교영상을 보며 은혜를 나누었다. 400만
원만 있으면 교회 하나를 지을 수 있다는 이야기가 신선한
감동을 주었다. 최 성도가 생활이 넉넉지 않음에도 불구하고
거금 400만 원을 헌금한다고 자원하였다. 최 성도는 통장을
건네면서 알아서 송금하라고 한다. 농협, 국민은행 등 세 개의
통장에서 400만 원을 찾았다. 하나님은 다 아신다고 무명으로
헌금한다는 최 성도의 마음에 또 한 번 감동이 왔다.

기아대책에서는 세광교회 이름으로 영수를 했다. 하지만 전에
바울선교회 일이 생각났다. 아무래도 확실히 해 두어야겠다는
마음에 반드시 서 선교사에게 전달된 결과를 알려달라고
하면서 영수증을 요구했다. 기아대책 소속 선교사에게
전달되는 헌금은 반드시 기아대책을 통해서 전하도록
되어있다. 기아대책 사무실에서는 연말에 모든 헌금에는

기부금 영수증이 발행된다고 알려 주었다. 최 성도는 넉넉하지 않은 살림살이였다. 넉넉하지 않은 형편에 귀한 헌금을 하였으니 기부금 영수가 아닌 사실대로 영수증을 요구하여 받아두었다.

한참의 시간이 흐른 어느 날, 헌금한 최 성도가 교회에 나오지 않으면서 이상한 소리가 들려왔다. 얼른 최 성도를 찾아갔다. 식사를 대접하면서 영수증과 함께 선교사의 편지를 전해주었다.

최 성도는 17년 전에 우리 예배당을 지은 목수인데 당시 사용했던 거푸집(만들려는 물건의 모양대로 틀을 만들기 위한 합판)을 가져가지 않아 세월이 지나다보니 썩고 없어졌다. 그런데 그 거푸집 값 150만 원을 내 놓으라고 말했다. 세상에, 거푸집을 가져가지 않은 것은 최성도 자신이었다. 오히려 교회에 흉물처럼 서 있던 것인데 그 거푸집이 썩었다고 교회에 돈을 요구하니 참으로 난감함 일이었다. 나는 당회원들에게 있는 사실을 그대로 전해 주었다.

연말에 최 성도가 교회에 찾아왔다. 나는 그 150만 원 때문에

온 줄로 알고 재정부에 가서 이야기해보라고 하였다. 하지만
최 성도가 거푸집 값 150만 원과 헌금 400만 원을 내 놓으라고
한 모양이다. 기아대책에 헌금한 영수증을 가지고 와서
자기가 헌금한 것인데 세광교회 이름으로 영수가 되어 있으니
세광교회에서 400만 원을 내어놓아야 한다는 논리였다.
헌금하고 간혹 마음에 들지 않으면 내 놓으라고 하는 분이
있다는 이야기는 들었어도 실제로 그런 일을 당하리라고는
생각지 못한 일이다. 나는 당황하여 주일이지만 기아대책
본부장에게 전화하여 연결해 주었다. 그리고 본부에 얘기해서
기부금 영수증을 직접 등기로 보내달라고 요청했다.

필리핀의 개운치 않은 결과에 이어서 다른 차원이지만
또다시 문제에 봉착하다보니 마음이 씁쓸했다. 두 건 모두
필자가 송금하였다. 받은 분이 있기에 큰 문제는 아니지만
교회일은 회계를 통해서 송금할 필요를 느낀다. 혹 문제가
발생하면 목회자는 중재할 위치에 있어야 하기 때문이다.
헌금은 분명해야 한다. 구제할 때도 분명해야 한다. 그리고
선교하는 일에는 더더욱 기도가 필요하다는 것을 느꼈다.
반성도 뒤따랐다. 혹 교회창립 14주년 기념교회를 세우고자
하는 욕망이 더 컸던 것은 아닐까? 아프리카에 교회 하나를

짓겠다는 꿈도 중요하다. 하지만 그보다 먼저 정말 갈급하고 필요한 곳에 예수님의 사랑을 지체하지 않고 실천하는 것이 더 중요하다. 내 욕심이 아니라 오로지 하나님께 영광을 드리는 순수한 선교가 되도록 지혜를 모아야 한다는 생각도 하게 되었다.

동생 목사의 **기도**

두 살 터울인 동생은 농어민후계자이자 미군부대 목수
출신이다. 그리고 지하수를 찾아서 파는 지하수기능사
목사이기도 하다. 서천 홍원항에서 은성교회를 담임하고
있는데, 농사를 짓는 등 자비량 목회를 하고 있다. 동생 목사의
사역은 다양하다. 사단법인 청교도 총회 사무총장이자 신학교
강사인데, 특히 부모님의 임종과 장례를 담당하여 사랑의 빚을
진 고마운 동생이다.

동생 목사는 하나님을 향한 신뢰가 강한 사람이다. 무엇보다
전도에 대한 열정이 뜨거운 사람이다. 은성교회는 1988년 5월
1일 홍원리, 4평짜리 아주 작은 방에서 시작한 교회이다. 하지만
지금은 300여 평의 대지에 아담한 농어촌교회로 부흥했다.
홍원부락은 매우 특별한 지역이다. 항구로 어업이 발달하고,
가까운 곳에 춘장대해수욕장이 있어서 펜션과 마트 등 꽤
번화한 곳이다. 그뿐만 아니라 서해화력발전소가 가까이

있어서 철길이 나 있다. 또한 최초의 성경전래지이며 아펜젤러
선교사 순교지로서도 유명하다. 지리적으로는 반도로서 일출과
석양을 동시에 볼 수 있는 곳이어서 참으로 아름답다. 또한
홍원리는 1년 내내 축제가 이어지는 곳이다. 1월에는 해돋이
축제, 연말에는 해짐이 축제, 3월과 4월에는 주꾸미축제가
열리고, 5월에는 광어축제가 열린다. 7월과 8월에는 해수욕장이
개장되고, 9월에는 전어축제가 시작된다. 동생 목사는
선교초기부터 기도가 남달랐다.

"주님, 이곳에 도시를 옮겨주옵소서!"

동생의 기도에 웃는 사람도 있었다. 바닷가 작은 마을이 어떻게 도시가 된단 말인가? 그래서 너무 허황된 기도라고 말하는 사람도 있었다. 그러나 하나님께서는 그 기도를 듣고 계셨고, 응답해 주셨다. 작은 어촌 마을이었던 흥원리가 관광도시로 변한 것이다. 상가가 늘어서고, 공장과 횟집 등 식당이 많이 생겼다. 펜션도 여기저기 생겼다. 김, 멸치, 꽃게, 전어 등 수산물공판장이 들어서는 등 광광도시가 된 것이다. 동생 목사는 지금 다시 기도하고 있다.

"주님, 중국으로 KTX가 연결되어 북한 선교는 물론 중국선교까지 마음껏 하게 하옵소서!"

동생 목사는 어려서부터 남달랐다. 가끔은 실현 불가능한 이야기를 하는 것처럼 보일 때가 있었지만 돌이켜 보건대 동생 목사가 디지털, 첨단 정보화시대를 이야기할 때 사람들은 아날로그 용량 미달로 이해하지 못했던 것이다. 동생 목사의 생각과 이야기는 보통 사람들보다 언제나 월등히 앞서갔다. 살아가는 방식이 지금도 여전히 특별하다. 목회 초기에 배를

건조하여 어업에도 손대고, 지하수 사업으로 무려 1,500여 공을
파기도 하는 등 사업이 번창했지만 IMF와 지병으로 사경을
헤매면서 모든 사업을 정리하는 등 아픔을 겪기도 하였다.
그러나 지하수 판매로 다시 사업을 일으켰고, 공장(창고)
135평을 지어 벼 건조 사업을 시작했다. 건강을 완전히 회복한
후에는 논농사와 밭농사를 열심히 짓고 있다. 힘들 것 같아서
말리면 동생은 웃으면서 대답한다.

"트랙터와 경운기가 다하는 기계농이고, 농약도 경비행기로
 하는데 뭐가 어려워요? 어렵지 않으니 걱정 마세요."

동생 목사는 포클레인 면허증 등 자격증이 많고, 기계들을
아주 잘 다룬다. 집을 짓는 기술도 있어서 교회와 교육관,
집과 창고 등 250여 평의 건물을 직접 지어서 사용하고 있다.
지금도 여전히 사도 바울처럼 순수한 자비량 목회를 하고 있는
것이다. 동생 목사에게 바라기는 이젠 건강도 챙기며 일했으면
하는 마음이다. 그리고 돕는 자들이 많아져서 영혼구원사업과
선교사역에 대한 동생 목사의 꿈이 더욱 더 크게 열매를 맺으면
좋겠다.

심방 여행

성도 중에 여름휴가를 받았는데 집에만 있다는 집사님
이야기를 들었다. 1년에 딱 한 번 있는 휴가를 집에서만
보내다니, 더구나 그는 야간 교대 일에 많이 피곤하고 지쳐
있는 사람이어서 휴가가 필요한 사람이었다. 그에게 우리나라
산천, 아름다운 산천을 보여주고 싶었다. 그래서 몸과 마음에
쌓인 피곤을 씻어주고 싶었다. 아내도 나의 의견에 찬성하면서
앞장선다.

그의 고향인 진안에 있는 용담댐과 용담호, 운장산으로
갈까 하다가 그곳은 아버님 산소가 있어서 자주 간다는
이야기를 들은 적이 있어서 논산 탑정호를 들머리로
하였다. 탑정저수지는 일제시대에 축조된 저수지로 152만여
평이나 되어 충남에서 두 번째로 큰(첫 번째는 예당저수지)
저수지이다. 탑정호는 논산팔경 중 하나일 만큼 아름다운
곳이다. 탑정호를 둘러보는 동안 마음에 있던 묵은 때가

씻어지는 느낌이 들었다. 그의 얼굴을 보니 웃음이 가득한 것이
상쾌해 보였다.

다음 여정지로 임실군 운암면에 있는 옥정호를 찾아가는데,
전주를 지나 순창 가는 고속도로가 시원하다. 호수가 보이고
옥정대교가 눈에 들어왔다. 1965년 섬진강댐 축조와 함께
옥정호가 생겼다. 상류를 따라가니 운암정이 발길을 멈추게
한다. 잠시 쉬었다가 다시 상류로 올라가니 사진으로 보았던
붕어섬이 나타났다. 섬진강 댐을 막으니 물이 차올라 섬이
생겼는데 마치 그 모양이 붕어형상이라 붕어섬이라는 이름이
붙여졌다고 하더니, 정말로 한 마리 커다란 붕어가 옥정호에
떠 있었다. 넓고 잔잔한 수면과 절경에 붕어섬은 신비하고
아름다웠다. 붕어섬은 관광객과 사진가들의 발길이 끊이지
않는 곳이다. '설리(雪梨)'라는 차와 식사를 할 수 있는
카페도 있었다. 겉모양은 허름한 조립식 건물이었는데 안에
들어서자 시와 사진, 그리고 책들이 잘 진열된 것을 보면서
감수성이 풍부한 주인의 분위기를 느꼈다. 식후에는 팔각정과
호수 아랫마을에 들어가 점등섬도 보고, 정원 좋은 집도
들여다보았다.

옥정호 관광권을 휘돌아보고 오는 길에 익산 왕궁지와
미륵사지에 들렀다. 왕궁면에 있는 왕궁리유적전시관은 아주
잘 되어 있었다. 사람이 많지 않아 문화해설사의 친절하고도
지식이 풍부한 해설을 들으면서 전시물들을 둘러보았다.

더위에 지쳤을까? 아니면 예상치 못했던 심방여행에 몸과
마음을 누르고 있던 긴장이 풀렸던 것일까? 여행을 마치고
집으로 돌아오기 위해 차에 오르자 그는 금세 잠이 들었다.
편안하게 잠든 얼굴을 바라보니 마음에 기쁨이 차오른다.
아내가 말했다.

"집에서 푹 쉬면서 잠을 자는 것이 나을 뻔 했을까요? 혹
집사님이 힘들었다고 하면 어쩌지요?"

아내의 말에 웃으면서 대답했다.

"회사와 집만 오고 가던 사람인데, 오늘 일정은 좀 무리가
있었지요. 좀 피곤할겁니다. 하지만 오늘 보고 온 아름다운
풍경들을 생각하면 한참동안은 행복할걸요. 힘도 나고요.
그리고 저렇게 푹 자고 나면 몸은 개운해질 거니까 염려하지

말아요."

잠시 걱정스런 얼굴이던 아내가 환하게 웃는다. 아내의 말대로
어쩌면 오늘 젊은 집사님은 피곤한 하루였는지도 모른다.
하지만 자신을 위해서 하루를 온전히 내준 목사의 마음을 알게
될 것이다. 나 또한 하나님이 만드신 아름다운 세상을 실컷
보고 온 심방여행이 아주 행복하다.

멈춰지지 않는 기다림

목사에게 가장 아픈 일은 어떤 일일까? 두말할 것도 없이
성도가 떠나는 것이다. 하나님이 이 땅에서 주신 생명을 다
누리고 믿음 안에서 좋은 본을 보이다가 떠나도 목사에게는
마음 아픈 일이다. 그래도 그 때는 마음을 추스를 여유를
허락해 주시는 하나님의 은혜가 있다. 그런데 하나님께서
옆에서 싸매주시고 다독여 주셔도 마음이 쉽게 진정되지 않는
통증, 그것은 신앙생활을 잘하던 성도가 목사의 부족함 때문에
교회를 떠나는 일이다.

30여 년 목회를 하는 동안 많은 사람들이 교회에 왔고, 또
떠나기도 했다. 성도가 교회에 올 때는 어떤 이유든지 다 좋다.
그러나 교회를 떠날 때는 그 이유가 아무리 작은 것이어도
몹시 아프다. 자꾸 붙잡게 되고, 기도하게 된다. 나의 무능이
속상해진다. '왜 나에게는 하나님의 권능이 없는 것일까?' '왜
나에게는 말씀의 권위가 없는 것일까?' '왜 나는 더 깊은 사랑이

없는 것일까?' 끝없이 자책하게 된다. 그래도 시간이 약이고, 하나님의 만져주심에 아프고 섭섭했던 일들을 잊게 되고, 떠난 사람을 위해서 간절히 기도하게 된다.

그러나 잊을 수 없는 사람이 있다. 아니 잊혀 지지가 않는다. 그들 가정을 생각하면 지금도 여전히 아프다. 그들의 이야기는 바로 세광교회 이야기가 된다. 세광의 역사라고 해도 지나친 말이 아니다. 교회 어느 한 구석 그들 부부의 손이 닿지 않은 곳이 없다. 특별히 ○○○ 장로는 손재주가 좋았다. ○ 장로 손에 가서 새 것이 되지 않는 것이 없었다. ○ 장로 손만 가면 멈추었던 기계도 소리를 냈다. 앰프가 고장 나도, 전기가 고장 나도, 문이 고장 나도 모두 ○ 장로님을 불렀다. 어디 그뿐인가? 자가용대신 승합차를 가지고 교회 차 운행을 도맡아 했다. 부인 △△△ 집사의 헌신도 ○ 장로에게 뒤지지 않았다. 교회학교 교사와 성가대와 주방 봉사는 물론 장애인들을 섬기는 일까지 궂은일을 늘 웃어가며 했다.

1991년 9월 30일, 그 날은 잊을 수 없는 날이다. 바로 ○○○-△△△ 젊은 부부가 혜성같이 나타나 세광교회에 등록한 날이다. 그때는 20대 중반의 아름답고 젊은 부부였다. 당시

세광교회는 아주 열악한 상태였고, 민주화운동이 한창이던
때였다. 교회당 안에서 최루탄이 터지던 사글세 개척교회
시절이기도 했다. 그뿐이 아니었다. 장애인들을 만나
특수선교사역을 시작하던 시기이기도 했다. 그들 부부는 매년
실시되는 장애인들과 함께하는 여름 캠프 등 종횡무진으로
섬기며 몸을 아끼지 않았다. 꽃인들 그렇게 아름다울까?
천사인들 그렇게 고울까? 그들 부부는 아들을 셋이나 낳았다.
세 아이들이 모두 건강하고 총명했다. 당당하고 믿음이
좋은 아이들로 자라갔다. 이 세 아이들을 통해서 세광교회
교회학교와 학생회 역사가 시작되었다. 세 아들도 아버지와
엄마처럼 교회의 기둥이었다.

그런데 그 기둥 다섯이 어느 날 교회를 떠났다. 세상에 기둥
다섯이 빠져 나가다니... 당장 교회 분위기가 침울해졌다.
심방도 하고, 긴 편지도 써 보고, 하나님께 금식하며 매달려
기도도 해보고... 그러나 그들 부부의 마음은 돌아서지 않았다.
교회를 섬기던 그들의 아름다웠던 모습이 교회 구석구석에
남아 있어서 그들 생각에 눈물이 자꾸 쏟아졌다. 마음이
무지무지 아팠다.

그들 부부는 2007년 4월 교회창립 23주년에 장로와 안수집사로
임직되었고, ○ 장로는 회계, 재정부장, 성가대장, 남신도회장
등을 두루 역임했다. 아내 △ 집사는 구역장, 여신도회장,
제직회 복지국장, 교회학교 교사로 역시 없어서는 안 될 항존직
안수집사였다.

그들은 교회를 섬기는 사역이 무거웠을까? 아니다. 하나님
나라를 위해, 교회를 위해 헌신하는 그들 부부는 늘 행복했고,
기쁨이 가득했었다. 교회 공동체를 이끄는 목사인 내가 인격이
부족했고, 영적인 리더십에 문제가 있었을 것이다. 내가 얼마나
부족했으면 그들 부부가 모든 직분들을 내려놓은 채 교회를
옮겼을까? 그들도 나처럼 힘들었을 것이다. 아니 나보다 더
많이 아파서 울었을 것이다. 몸과 마음과 물질을 다 받쳐
섬겨온 교회를 떠나는 것이 결코 간단한 일이 아니었을 것이다.

처음엔 그들 가족의 아픈 마음을 다 헤아리지 못했다. 그들
가족을 잃는 내 아픔만 생각했던 날도 있었다. 그러나 시간이
지날수록 ○○○ 장로 가족이 겪었을 아픈 마음과 상한 심령을
생각하면 마음이 찢어지듯 아프다.

○○○ 장로 가족과 함께 한 시간이 무려 21년이다, 제주도,
포항, 거제도, 춘장대의 추억이 생생하다. 그들 부부가 부르던
찬양도 생생하다. ○ 장로 부부의 수고와 땀을 잊을 수가 없다.
아니 잊혀 지지 않는다. 잊어서도 아니 되기에 지금도 어제
일처럼 기억하고 있다. 그래서 날마다 기도한다.

"주님, ○○○ 장로 가정에 늘 하늘의 평화가
가득하게 하옵소서."

그들 가정이 세광교회로 돌아와서 다시 세광의 역사를 함께
쓰기를 소망한다. 하나님도 아신다. ○ 장로 가정도 알고 있을
것이다. 내가 목회를 그만두는 날에 이르러서야 기다림을
멈추게 될 거라는 사실을.

정직한 기도
영화감독 이장호 장로 이야기

공주 주은비전센터에서 '공주CBMC 창립 1주년 기념대회'에
영화감독 이장호 장로의 간증이 있었다. CBMC는 기독실업인
및 전문인들의 선교모임이다. 인근지역은 물론 서천과
천안에서 비전스쿨 58기 사람들이 찾아오는 등 많은 이들이
모였다. 이선주 공주CBMC 부회장의 사회로 열린 순서에는
이웅재 공주CBMC 회장의 인사와 초청인사 소개가 있었고,
바리톤 이재신 씨의 찬양에 이어서 이장호 감독의 색소폰
연주와 진솔한 간증이 있었다.

이장호 장로의 신앙은 1980년 여름, 4년간 정지되었던 영화
활동을 재개할 때 하용조 목사가 인도하는 연예인 성경공부로
시작하였다고 한다. 부적을 태우고 "영화 잘 하면 목사가
하는 일보다 더 큰 일을 할 수 있다."는 허병섭 목사의 말에
마음이 끌려 하월곡동에 있는 도시빈민교회에 출석했다고
한다. 그는 6개월 만에 집사가 되었는데, 마침 감옥에서 출소한

문익환 목사가 왔을 때 첫 대표기도를 맡았는데 그만 웃지 못할 일이 벌어지고 말았다는 것이다. 도대체 웃지 못할 일이 무엇이었을까?

이장호 장로는 영화감독이었고, 아무도 그의 말솜씨를 따라올 수 없을 만큼 말을 잘하는 사람이었는데 막상 대표기도를 맡고는 한 마디도 할 수 없더란다. 끙끙대다가 냅다 소리를 질렀다.

"하나님!"

하나님 한 번 불러 놓고도 여전히 말이 나오지 않자 이번에는 예수님을 불렀다.

"예수님!"

예수님을 불러도 여전히 다음 말이 나오지 않아 다시 소리를 질렀다고 한다.

"아, 정말 못하겠습니다."

그런데 설교를 하러 온 문익환 목사가 참으로 은혜롭게 말씀을 했다.

"내 생애 오늘처럼 정직한 기도는 처음 들어보았습니다."

예배당에 폭소가 터졌고, 이장호 장로는 그렇게 신앙을 조금씩 붙들어 가게 되었다고 고백했다.

이장호 장로는 1974년, 28세에 만든 '별들의 고향'으로 대종상 신인감독상을 받고, 영화가 흥행을 거듭하면서 하늘 높은 줄 모르고 오만해졌다고 한다. 그러다가 대마초연예인 구속으로 바닥에 내동댕이쳐졌고, 하나님께서 그렇게 낮추셨다가 다시 일으켜 세우시고 '낮은 데로 임하소서'를 만들어 대종상 감독상을 받게 하셨다고 고백했다. 그는 말한다.

"인생 내리막길에서 허구적으로 붕 떠있는 한국영화를 리얼하게, 의식이 있는 영화를 만드는 계기를 만들기 위해 '바람 불어 좋은 날' '어둠의 자식들' 등을 연출하였습니다."

1992년에 담배를 끊었지만 아직도 술을 먹는다고 솔직하게

고백하는 이장호 장로, 그에게 임한 하나님의 은혜는 크고
높았다. 그의 고백은 계속 이어진다.

"하나님은 나와 끊임없이 함께하시고, 나를 붙드셔서 대학
중퇴자의 학력인데도 불구하고 교수로 10년이나 대학
강단에 서게 하셨습니다. 하나님의 사랑은 제 삶 곳곳에
함께 하셨습니다. 영화 프로젝트에 떨어져서 '내 주를 가까이
하게 함은 십자가 짐 같은 고생'임을 알게 하시고, 작품속의
주인공들이 겪는 아픔과 시련과 연단 속으로 들어가게
하시기도 하였는데 그 어느 때나 하나님의 사랑 아닌 것은
하나도 없었습니다."

그의 간증이 깊어갈수록 은혜가 컸다. 그의 간증은 전도한
이야기에서 정점을 이루었다. 정성조 색소포니스트를 전도한
이야기, 중학교에 입학시험을 치러 들어가던 시절 명문이었던
경기중학교, 서울중학교, 경복중학교에 수십 명씩 들여보내던
명문 덕수초등학교 동기들 중에서 1등을 하던 박정식 교수가
전도를 하면 욕을 하던 사람이었는데 그도 전도하였고,
하나님께서 그의 폐암을 고쳐주신 이야기는 가슴이 뭉클했다.

누가 하나님 앞에서 잘 났다고 큰소리 칠 수 있을까? 포도나무 가지가 나무에 붙어 있어야만 열매를 맺을 수 있는 것처럼 하나님께 붙어있지 않은 인생은 의미가 없다. 이장호 장로는 간증을 마치면서 자신의 각오를 다졌다.

"대학교수로서 정년을 맞은 지금이 제 인생에 있어서 전환점입니다. 인생후반전은 하나님을 신뢰하고 경외하는 사람으로 기도하면서 감동의 영화를 만들기 위해 온힘을 다 하겠습니다."

그는 간증을 마친 후 테너색소폰을 멋지게 연주했다. 모쪼록 이장호 장로를 통해 우리나라에 좋은 기독교 영화가 만들어지길 기대해 본다.

3부

병원 **세례**
고 김수정 형제를 추억하며

김수정 형제, 그는 우리 세광교회의 영원한 성도이다. 그는 늘
우리 교회에 있다. 내가 홀로 기도하는 시간에도, 주일날 우리
교회 성도들이 모두 돌아간 후에도 김수정 형제는 교회에 남아
있다. 그러나 나는 김수정 형제의 목소리를 들을 수가 없다.
그와 함께 밥을 먹을 수도 없고, 그의 웃음소리도 들을 수 없다.
내가 기억하는 것은 그의 맑은 얼굴과 병상에서 세례를 받던
모습이다. 그러나 나는 자주 교회 화단 중앙에 푸르게 서 있는
상록수 가까이 다가가서 김수정 형제와 이야기를 나눈다.

김수정 형제, 그는 내 이야기를 다 듣고 있을까? 때로는
아내에게도, 성도들에게도 할 수 없는 긴 한숨을 쏟아 놓을
때도 있다.

김수정 형제, 그는 뇌종양으로 고생을 많이 했다. 여러 차례
수술과 항암치료를 반복했고, 그로 인해 온 교회 교우들이 모여

매일 밤 40일 특별기도회도 했다. 김수정 형제의 가정은 우리가
반죽동에 살 때 공주로 이사 왔고, 아내와 아이들이 교회에
나오게 되었다. 그 당시 김수정 형제는 파스퇴르 우유 대리점을
경영하였다. 수정 씨는 시련이 많았다. 한 밤중에 우유를
나르다가 대형 교통사고를 당해 죽음의 고비를 넘긴 적이
있었다. 그때 온 교회가 기도와 성원을 보냈고, 잠시 교회에
나온 적이 있었다. 그러나 믿음이 채 들어가기도 전에 교회
나오는 것을 멈추었다.

김수정 형제는 우리 교회 성도의 도움으로 직장을 바꾸었다.
아내가 회사에 다니고, 수정 씨 역시 학교에 근무하면서 생활이
안정되어갔다. 하지만 그 시간은 길지 않았다. 하나님께서 수정
형제를 얼마나 많이 사랑하셨던 걸까? 김수정 형제는 몹쓸
병에 걸려 간신히 얻은 직장도 그만 두어야 했다. 한치 앞도
알 수 없는 것이 사람의 일이다. 그저 겸손히 생명의 주인이신
주님께 연결되어 있는 것 말고 우리가 할 수 있는 일이 무엇이
있을까? 안타깝게도 수정 형제는 아프면서도 믿음이 얼른
들어가지 않았다. 그렇다. 믿음은 전적으로 하나님이 우리에게
주시는 은혜이다.

병원에 입원한 김수정 형제를 찾아갔다. 물론 교회에서는 다시 수정 씨를 위한 특별 기도회가 시작되었다.

지금도 성도들과 함께 김수정 형제를 문병했던 기억이 어제 일처럼 선명하다. 성도들이 정성을 다해 헌금한 사랑을 들고 수정 형제가 입원해 있던 서울 병원을 찾았을 때, 수정 형제는 고통스러워했고 얼굴도 많이 부어 있었다. 간절한 찬송과 기도를 드린 후에 말씀으로 권면하자 수정 형제는 신앙을 고백했다. 수정 형제의 신앙고백에 이어 세례식을 거행하였다. 병원에서 세례식이 거행되던 그 순간, 천사들이 수정 형제를 부축했을 것이다. 그리고 천사들은 수정 형제를 고이 안고 하나님 나라까지 인도했을 것이다.

수정 형제가 세상을 떠난 것은 찬바람이 불고 흰 눈이 내리는 한 겨울이었다. 화장을 한 그의 작은 몸을 안고 교회로 왔다. 그리고 교회 화단 한 가운데 상록수 아래에 안치하였다.

수정 형제가 영원토록 세광교회와 함께 하는 것, 이 부족한 사람을 늘 지켜보고 있는 것, 모두가 하나님의 사랑과 은혜가 김수정 형제에게 임한 까닭이다.

아 내

내 아내는 키가 작다. 몸도 왜소하다. 말주변도 없다. 그러나
가끔 하는 말은 생명의 말이다. 나에게 어려운 일이 생기면
나에게 딱 달라붙어서 그 무거운 입으로 막아낸다. 그럴 때
아내 입에서 쏟아지는 말들은 단호하고 강하다.

모든 사람들이 다 그렇겠지만 아내는 나에게 태양이다. 내 몸의
분신이다. 하나님께서 아담을 창조하시고, 아담이 잠이 들었을
때에 갈비뼈 하나를 취하여 하와를 만드셨듯이 하나님께서
나의 갈비뼈를 취해 아내를 만들어서 보내주신 것이 확실하다.
언제나 내 편이고, 내 허물조차 자신의 허물인 듯 안아주는
사람이 아내이다. 아내와 나는 한 몸이다. 내 아픔을 자신의
아픔으로 돌려 세우는 사람이다.

아내는 나의 생명이다. 나에게 한결같이 밥을 해 주었고, 내
잠자리를 보살펴 주었으며, 내 몸을 자신의 몸인 양 사랑해
주었다.

아내는 나의 영원한 동반자이다. 아내를 무시함은 곧 나를
무시하는 것이고, 아내의 괴로움은 전부 나의 괴로움이다.

아내는 나의 심장이며 나의 전부이다. 내가 철없을 때도 나를
남편이라 받들어 주었고, 내가 못되게 굴 때도 말없이 참고
기다려 주었다. 내가 착한 아내를 울릴 때 아내는 소리 없이
눈물을 닦으면서도 나를 원망하지 않았다. 아내는 나로 인하여
그렇게 험한 세월을 보냈다.

내가 목사로서 의무로 새벽기도를 할 때에 아내는 마음을
다해 주님을 만났다. 내가 목사라서 의무로 교인들을 만날
때에도 아내는 지극한 사랑으로 성도들을 만났다. 나의

진부한 설교에도 아내는 변함없이 은혜를 받았고, 하나님의 음성을 들었다. 내가 은혜롭지 않을 때에도 아내는 은혜로운 말과 은혜로운 성품으로 나를 다독였다. 나는 존경받지 못할 사람임에도 불구하고 아내는 늘 넘치는 존경을 주었고, 아내를 따라 아들과 딸도 나를 존경해 주었다.

내가 지금 사는 것은 아내로 인하여 사는 것이다. 나는 이제 아내의 몸종이다. 아내를 목말 태우는 가마꾼 돌쇠로 평생 살아갈 것이다.

김 장

매년 김장철이 되면 여기저기서 배추를 가져다 먹으라고 한다.
어렵게 농사지은 수고를 생각하면 그 고마움을 말로 다 할 수가
없다. 더욱이 올 겨울 김장은 돌아가신 장로님이 키운 배추라
여러 가지 생각이 든다.

교육과 장례로 피곤이 겹친 아내가 옆구리 통증을
호소하면서도 김장을 서둔다. 양념을 사고, 준비에 들어간다.
먼저 배추를 소금에 절여 8시간 이상 두어야 한다. 물론 중간에
뒤집어서 골고루 절여야 한다. 양파와 배와 무를 갈아서 즙을
내고, 찹쌀풀을 만들어 묽게 고춧가루 반죽을 한다. 골파, 대파,
미나리, 갓, 새우젓, 멸치액젓을 적당히 섞어서 고춧가루 반죽에
넣어 배추 속을 만든다. 소금에 절여 두었던 배추를 씻어서
물을 빼 놓는 것도 중요한 과정이다. 여기가 끝이 아니다. 배추
속을 배추에 골고루 발라주는 작업이 더 있어야만 김장이
끝이 난다. 물론 마지막 작업은 유쾌하고 신이 난다. 노오란

배춧잎을 떼어내어 한 입 먹어보면 그 짭짤한 맛이 환상이다.
매일 먹는 김치지만 이렇게 복잡한 과정을 거쳐야 하고, 밥상에
올라오는 음식 하나하나가 다 그럴 것이라는 생각을 하니
반찬투정은 죄라는 생각마저 든다.

김장을 마치고나서 아내는 점점 더 고통을 호소한다. 병원에
갔더니 대상포진이라는 진단이 나왔다. 꼼짝 말고 쉬라는
고약한 병이다. 이제야 아내가 김장을 서두른 이유를 알고 다시
눈물이 핑 돈다. 아내를 위해 시를 한 편 써 보았다. 제목은
김장이다.

김장

아내를 따라 시장을 두 바퀴 돌았다
한 바퀴 돌 때는 양 손에 봉투가 일곱 개
한 바퀴 더 돌고나니 봉투 두 개가 더 늘었다.
봉투 속에서 도란거리는 생강과 새우젓
입을 꼭 다물고 있는 미나리는 두고 온 밭이 그리울 게다

장로님은 가을 내내 배추에 물을 주시더니
어린 배추보다 먼저 하늘길 오르셨다
장로님 구수한 목소리 들린다
"김치 먹을 때마다 내 생각 해 줘요."

양념을 장만하는 아내 곁에 나는 일곱 살이다
양파를 까면서 눈물 흘렸다.
눈물 흘리면서 나이를 먹었다
그동안 먹었던 김치는 김치가 아니었다
아내의 눈물이었다
아내의 몸이 무너지는 노동을 날마다 먹으며
나는 해처럼 빛나는 날을 살았다

우리 시대의 VIP는 누구인가?

가을만 되면 공주에서는 '대백제전'을 비롯해서
'고맛나루 전국향토연극제', '충남민속축제한마당',
'전국청소년민속예술제', '한국민속예술축제', '공주 알밤축제',
'신상옥 영화제' 등 다양한 문화행사들이 넘쳐난다. 고맛나루
수상공연장에서는 '사마이야기'와 마당극 '미마지'가 무대에
오르고, 충남교향악단과 합창단이 출연한 교향시 '백제' 공연과
뮤지컬 '신털이 봉의 사랑' 등 다양한 장르의 문화공연이
펼쳐진다. 또한 공주문화원에서 주관하는 '명사와 함께
하는 금강 달빛 별빛 이야기'도 펼쳐진다. 공주에 사는 것이
무척 행복한 가을이다. 이 모든 행사들이 온전히 나를 위해
엄청난 시설에 막대한 예산을 들여 만들어졌고 또 대부분
무료초청이어서 참석만 하면 마음과 정신이 부요해지니
가능하면 시간을 내어 참석한다.

교향시 '백제' 연주회에 작시자 나태주 문화원장으로부터

초대를 받았다. 참석하겠다고 전화를 드렸더니 맨 앞줄
20여석을 마련했으니 앞으로 오시라는 친절까지 더해
준다. 시작하며 들어가기도 했지만 분야마다 VIP(초대
손님이나 관계자)가 있는 법, 적당한 자리에 앉아 감동을
나누었다. 문제는 사진을 좋아해서 잠깐 앞자리에 앉았는데,
공연관계자가 VIP자리라며 자리를 옮겨달라고 부탁한다.
시장, 시의원, 기타 높으신 분들이 앉는 자리란다. 그러나
엄밀히 따지면 민주화시대를 살아가는 지금 그들을 뽑는
유권자가 VIP이고, 높으신 분들 아닌가. 공연관계자가 높으신
분들이라고 말한 사람들은 시민을 섬기는 봉사자일 뿐 결코
높은 사람들이 아니다.

이번에는 부여로 옮겨서 이야기를 계속 해보자. 공주에서
수상공연이 대인기였다고 해서 부여 공연이라도 보고 싶었다.
딸의 도움으로 일찌감치 표를 구했다. 하지만 많은 사람들이
표가 없어서 발을 동동 굴렀다. 역시 부여에서도 VIP들이
들어가는 곳과 일반 관람객이 들어가는 문이 달랐다. VIP는
표가 없어도 들어갈 수 있는 길이 있다는 걸 알고 기분이 좀
나빠졌다면 내가 속 좁은 인간인 걸까?

진짜 VIP를 모시는 공연 소식에 마음이 개운해졌다. 우리
사회의 소외계층에게 대배백제전의 모습을 보여주기
위해 수상공연 '사비미르' 마지막 공연을 부여군민 중에서
'국민기초수급자 가족을 위한 밤'으로 진행하기 위해
조직위원회는 부여군내 국민기초수급자 초대권을 발급했고,
초대권 소지자에 한해 입장토록 한다는 계획이다. 그런데
문제는 차도 없고 어디서 무엇을 하는지 잘 모르시는
기초수급자 분들이 어떻게 공연을 보게 될 런지 의문이 생겼다.

지자체에서 차량 등 세심하게 배려하여 소중한 분들을 진정한
VIP로 잘 모시게 되기를 바라는 마음이 간절했다.

천하보다 귀한 **생명**

교도소에서 편지가 왔다. 벌금이 나왔는데 내야한다며 돈이
필요하다는 내용이다. 교회에 두 번 나오셨던 분인데 제법
큰돈을 요구하는 편지를 보냈다. 우선 달려가서 면회를 했다.
마음이 편치 않았다. 60대 노인이 몸도 성치 않은데 엄동설한에
옥살이를 하는 모습이 안타까웠다.

다시 간절한 편지가 왔다. 이번에 나가면 교회에 꼭 다니겠다는
말도 들어있다. 장문의 편지인데 명확하게 무슨 뜻인지 알
수가 없어서 다시 달려갔다. 보안과 직원을 통하여 500만 원
벌금형(1일 5만원 100일)을 살고 있는데 이제까지 옥살이 한
나머지 벌금을 내면 바로 석방될 수 있다는 거였다. 그러니까
130만 원만 있으면 당장 집으로 갈 수 있다는 이야기였다. 즉시
송금을 하였다. 물론 통장에 여윳돈이 있었던 것은 아니었다.
어려운 시골교회의 가난한 목사에게 그렇게 큰돈이 있을 리
없다. 하지만 한 생명이 온 천하보다 귀하다고 하지 않았는가.

온 천하보다 귀한 생명을 주님께 인도하는데 130만 원이
필요하다면 당장 빚을 내서라도 해야 할 일이다.

방문자가 매일 200명이 넘는 교회 홈페이지에 글을 올렸다.
교인들에게 이야기하면 5만 원씩 선착순 26명은 눈 깜박할
사이에 찰 줄 알았다. 그러나 전혀 예상치 못한 일이 벌어졌다.
도대체 무슨 죄를 저질렀기에 그렇게나 많은 벌금을 내느냐고
묻는 분들이 있었다. 단 두 명이 동참해 주었다. '천하보다 귀한
생명'이라는 말이 도무지 실감나지 않는 세상에 살고 있다는
생각에 가슴이 많이 아팠다.

당사자는 출소하여 교회에 나왔다. 그가 교회에 잘 다니겠다는
말은 했지만 그 말을 지킬 거라고는 생각하지 못했다. 아니 내
마음 속에서도 그에 대한 불신이 있었던 것이 분명했다. 설령
그가 나를 실망시키는 일이 벌어진다고 해도 나는 마음을 다해
그의 말을 믿어 주었어야 했다. 그는 고마운 마음을 숨기지
않았다.

"목사님, 감사합니다. 돈이 만들어지는 대로 꼭 갚겠습니다."

얼마나 힘들면 벌금을 내지 못해 옥살이를 해야만 했을까?
그의 처지에 다시금 마음이 시렸다. 괜스레 광고하여 부담만
주고, 은밀히 구제하라는 주님의 말씀을 어긴 것 같아 주님께
죄송했다. 하지만 환하게 웃는 그의 모습을 보니 행복해지는
마음을 감출 수가 없었다. 그렇다. 한 생명은 천하보다
귀하다.

안타까운 것은 형제님은 출옥하여 얼마 못 살고 운명을
달리했다.

하나님, 최 보살에게 **은혜 내려주세요**

우리 마을에는 무속인들이 많이 살고 있다. 정씨네, 조씨네,
문을 마음대로 드나들지 못하는 이씨네도 무속에 매여 산다.
무속인 대장은 마을 맨 오른 쪽 끝집에 사는 무당 최 보살이다.
재미있는 것은 그 최 보살이 친구 권사를 소개하여 우리 마을에
이사 와서 살게 되었다. 최 보살은 목사인 나를 잘 따라준다.
마을 무속인들과 잘 지내려면 대장무당만 잡으면 되겠는데
목사를 싫어하지 않고 따라주니 참 다행스런 일이다.

공주연탄은행 도움으로 연탄을 배달하는 날이다. 최 장로는
기도팀까지 대동하여 기도로 준비한 다음 연탄을 가져왔다.
즐겁게 연탄을 나르고, 마당 고르기 등 일을 마쳤다. 때마침
동네 정 권사와 윤 집사가 냉이를 뜯으며 나타난다. 마치
미리 짠 것처럼 최 보살의 집에 한방 가득 둘러앉아 이야기를
나누었다. 최 보살은 불교무속에 빠지기 전에 아들 넷을
잃었다고 한다.

'세상에, 아들 넷을 잃다니... 그간에 최 보살이 겪은 마음의
고통이 얼마나 컸을까?'

최 보살은 남은 자식들을 살리기 위해 신을 모시고 무당 생활을
하게 되었다고 말했다. 아, 자식들을 넷이나 잃은 고통의
시간을 보낸 최 보살에게 무슨 말로 위로하고, 무슨 말로
전도를 할 수 있을까? 기도팀 조권사가 먼저 말문을 연다.

"스님도, 무속인도 가장 높은 천주(天主)님을 모시던데
천주님이 누구라고 생각합니까?"

최 보살은 망설이지 않고 대답한다.

"하느님이라고 생각합니다."

우리는 이구동성으로 최 보살에게 권면했다.

"맞습니다. 우리는 하나님의 은혜 아래 삽니다."

"하나님을 영접하고 더 잘되시기를 바랍니다."

전도팀은 왕만두와 왕 찐빵을 준비했다. 함께 나누기 전에
기도를 드렸다.

"하나님, 최 보살님이 그동안 입었던 모든 아픔과 상처를
어루만져 주세요."

최 보살은 우리의 기도에 잠잠히 고개를 숙였다. 사전에
상대방을 존중하면서 대화해 달라고 당부도 하였지만 전도란
기회가 늘 있는 게 아니다. 스님을 전도한 이야기를 하면서
조금 강하게 전도를 하니 최 보살은 불편해진 심기를 드러낸다.
우선 한 발 물러났다. 분명한 것은 우리 마을이 복음화 되기
위해서는 최 보살이 믿어야 한다. 그러면 나머지 무속인들이
돌아 올 것 같다. 최 보살에게 하나님의 구원의 은혜가
임하기를 간절히 기도한다.

잔디 깎기

종종 사람이 그리울 때가 있는데 아무리 그리워도 다시는 만날
수 없는 사람이 있다. 만날 수 없으니 더욱 그립다. 나에게는
여름이면 더 그리운 사람이 있다. 한여름 교회 마당 잔디밭에
잔디가 가득 자라고, 그 잔디를 깎다보면 장로님이 아니
그리울 수가 없다. 세광교회 예배당 대지는 천 평이 넘는다.
그래서 정원과 잔디밭 풀 깎기가 적잖게 힘이 든다. 잔디는
1년에 적어도 다섯 차례는 깎아 주어야 한다. 그래야 여름이
간다. 한여름 강렬한 햇볕에 무럭무럭 자라는 잔디가 정말
골치이지만 하나님의 섭리이니 잘 가꾸고 다듬는 일이 내가 할
일이다. 그런데 이런저런 일들이 겹치다 보면 내가 할 수 없을
때가 있다. 그런 때는 인력시장에서 사람을 불러다가 잔디를
깎는다.

지난번에 온 사람은 일이 좀 거칠어서 이번에는 꼼꼼하게 일해
줄 사람을 보내달라고 부탁했다. 인력시장에서 보낸 분은 좀

뚱뚱한 아저씨였다. 아저씨는 오자마자 예초기 날을 찾는다.
마침 사다 놓은 게 없다고 하니까 앞집에 가서 한 시간은 가는
모양이다. 은근히 부아가 났지만 장작패기 시합에서 틈틈이
도끼날을 간 지혜로운 사람이 이겼다는 이야기를 기억하면서
마음 한 쪽으로 이 사람이 칼날을 열심히 가는 것으로 보아
일을 시작하기만 하면 꼼꼼한 것은 물론 금세 해 치울 것이라는
기대가 있었다.

그는 정말 아주 꼼꼼하게 잔디를 깎았다. 나는 얼른 칼날을
사러 시내에 다녀왔다. 행여 다시 칼날을 갈러 앞집으로 가는
것을 막기 위해서였다. 그런데 문제가 생겼다. 그는 일을 조금
하다가 쉬고, 다시 조금 하다가 칼날을 교체하더니 간식을
달라고 한다. 먹는 시간도 느리고 길었다. 그러다가 점심때가
되어서 우렁촌으로 모시고 가서 점심을 대접하고 들어왔다.
그런데 정말 심각했다. 업무를 보다가 나가보면 일이 전혀 줄어
있지가 않은 것이다. 결국 외부는 고만두고 집 앞 잔디밭도 다
깎지 않았는데 일을 마쳐야 했다.

지난번에는 4시가 되니 사방을 다 깎았었다. 그래서 다른 일을
시켰더니 자기는 잔디를 깎으러 왔지 이런 일 하러 온 것이

아니라고 거절했었다. 결국 시간이 되지도 않았는데 열심히 일한 그에게 하루 인건비 10만 원을 주어 보냈고, 이번에는 일을 아주 조금밖에 하지 못했는데도 인건비 10만 원을 주어야만 했다. 결국 잔디 깎기는 온전히 내 몫이 되었다.

여름 내내 잔디와 씨름하다보니 돌아가신 장로님이 더 간절히 생각난다. 장로님은 누가 깎으라고 말하기 전에 10여 년을 내일처럼 하였다. 그때는 교회가 어려워 단 한 번의 사례비를 드린 적이 없다. 교인들도 챙기는 사람이 아무도 없었다. 장로님은 당신이 마땅히 해야 될 일처럼 하였고, 우리는 당연한 일로 여겼던 것이다. 아, 몹시도 그리운 장로님, 장로님의 듬직하고 커다란 손이 내 어깨를 가만히 끌어안아줄 것 같아 뒤돌아보는데 장로님은 아니 계시고 나무들만 바람에 흔들린다. 저 나무들도 장로님이 어린 묘목을 얻어다 심은 것인데 우람한 나무가 되었다. 장로님이 건강하셔서 저 나무들처럼 지금도 든든하게 우리 세광교회를 지켜 주고 계시다면 내가 얼마나 힘이 날까? 장로님이 보고 싶은 생각에 아들 동국이에게 전화를 걸었다. 그간 거제도에 있다가 지금은 공주에 있다고 한다. 공주에 있을 때는 부디 교회에서 만나자는 말로 장로님 보고 싶은 마음을 달래본다.

청와대 선물과 **손님**

지난 주중에 있었던 일이다. 택배회사에서 전화가 왔는데 받지 못했다. 오후에 다시 전화가 왔다. 대통령께서 선물을 보내려고 하는데 주소를 확인한다는 내용이었다. 생각해 볼 겨를도 없이 대뜸 청와대로 돌려보내라고 말했다. 그러자 택배회사에서는 다시 묻는다. 선물을 왜 돌려보내느냐고. 그만 나는 발끈해서 대답한다.

"내가 대통령에게 선물 받을 일을 한 것도 없고, 선물을 받을 이유도 없기 때문이오."

예전에 군부독재 시절에도 비슷한 일이 있었다. 경찰서장이나 군수가 선물을 보내 온 적이 있는데 무조건 되돌려 보냈었다. 시국이 어수선 할 때 바른 말을 못하게 막는 뇌물성(?) 선물은 받을 수 없기 때문이다. 선물은 정부에 무조건 순응하게 만들고, 다른 말을 못하게 하려는 속셈을 포장하고 있기 때문에 당연히 거절해야만 하는 것이다.

지난 주일에는 손님이 왔다. 20여 년 전에 우리 교회에
나오던 김정곤이라는 형제가 스님이 되어서 찾아왔다. 귤 한
상자를 사들고 말이다. 순간 귤 선물을 받아야 하는지 마음이
복잡해졌다. 김정곤 형제는 법명이 현각이고, 칠갑산에 있는
장원사 주지라고 했다. 내가 아는 영평사 환성 스님은 교회로
초대해도 승복을 입고 감히 갈 수 없다고 오지 못한다. 그런데
현각은 승복을 입고 못갈 데가 어디 있느냐고 반문한다. 아무튼
20년을 거슬러 올라가서 여러 가지 일들을 추억했다. 재미있는
이야기도 있었고, 가슴 저린 이야기도 있었다.

저녁 무렵 김정곤 형제가 일어났다. 저녁을 먹고 가라고
붙들었지만 그는 다음에 다시 왔을 때 함께 식사를 나누자는
약속을 남겨놓고 떠났다. 현각이 돌아간 다음 아내가 말했다.

"당신이 잘못 가르쳐서 중이 되어왔구려."

아내의 말을 듣는 순간 가슴을 깊이 찔리기라도 한 듯
아파온다. 아내의 말은 맞는 말이다. 김정곤 형제가 우리

교회에 나오고 있었을 때 복음을 확실하게 전해주지 못한
것은 내 잘못이다. 오호, 하나님이 이 책임을 물으실 때 나는
무엇이라 대답할꼬?

김정곤 형제가 돌아간 다음 마음이 무거웠다. 아내가 차려준
저녁밥상도 깔깔했다. 어쩌면 앞으로 세광교회에는 승려들이
와서 예배를 드리는 교회가 될지도 모르겠다. 마음이 급해진다.
마음에 폭풍처럼 세차게 불어오는 바람이 있다. 간구하는
마음으로 하나님 앞에 엎드린다.

"주님, 이 종의 마음, 성령으로 가득하게 하소서. 주님, 마음이
  녹아내리는 설교를 하게 하소서. 주님, 제가 먼저 하나님을
  다시 뜨겁게 만나는 체험을 하게 하소서!"

생일날에 받고 싶은 **선물**

내 생일은 성탄절과 가깝다. 예수님 생일잔치 크게 한 것으로
내 생일은 지나간다. 교회에서 목사의 생일이라고 강조한 적이
없고, 오히려 성도들이 내 생일을 알까봐 조심했다. 그런데
아내의 생각은 나와 좀 달랐던 모양이다.

몇 년 전, 마침 주일날 생일이 겹쳐서 아내가 온 교인들을
대접한 적이 있다. 아내가 남편의 생일이라고 며칠 전부터 마음
설레며 준비하는 모습이 참 보기 좋았고, 행복했다. 아내에게
좋은 남편이라고 인정받는 것 같아 기분도 으쓱했다. 주일날
예배가 끝나고, 아내는 입이 떡 벌어지게 음식들을 내 놓았다.
불고기와 잡채와 전과 생선과 나물들이 탄성을 지르게 했다.
아내가 차려준 상 앞에서 콧등이 시큰해지며 수고한 아내가
고맙고 사랑스러웠다. 그런데 모 성도가 푸짐하게 차려진
밥상을 받고 묻는다.

"사모님, 우리보고 이렇게 차리라는 건가요?"

아내는 상처를 받았다. 아내는 그 상처를 나에게 풀었다.

"앞으로 다시는 당신 생일상 차리는 일 없을 거여요."

교인도 그런 뜻으로 한 말이 아닐 거라고 서둘러 아내를
위로했지만 모처럼 좋았던 기분이 깨져 마음이 씁쓸했다. 사실
교인들이 뜻하지 않게 목사의 생일상을 받고 당황했을 것이다.
부담도 되었을 것이다. 그 마음을 표현 한다는 것이 그만
아내의 마음을 언짢게 했을 것이다. 아내가 조금 더 화통하게
웃으며 이렇게 대답했다면 얼마나 좋았을까?

"내년에도 내 손으로 더 잘 차려서 우리 성도님들과 나눠 먹고
 싶은데요."

이렇게 대답했어도 좋았을 것이다.

"성도님들과 함께 차리면 더 좋겠지요?"

사실 지인들이 회갑이나 부모님 생신에 와서 함께 밥 먹자고 청하면 빈손으로 갈 수 없어서 부담이 되는 것이 사실이다. 그러나 다시 생각해 볼 일이다. 초대에 가져갈 수 있는 아주 값진 선물이 있다. **그건 함께 기뻐하고 함께 축하해 주는 마음이다.** 자신의 생일이나 혹은 부모님 생신에 밥을 나눠 먹는데 시간을 내서 식구처럼 함께 해 준 것만도 얼마나 감사한 일인가. 그 좋은 날, 절대로 돈을 받아서는 안 된다고 생각한다. 품앗이 하듯 서로 돈을 주고받는 풍토가 사라지면 기쁜 날을 더 기쁘게 보낼 수 있을 것이다. 그래서 우리 세광 당회는 생일을 맞은 본인이 밥을 사기로 하였다.

우리 교회 마리아여신도회는 교회창립 때부터 지금까지 유일하게 목사의 생일을 챙긴다. 같이 밥을 먹거나 선물을 마련하는 등 그냥 넘어가지 않는다. 부담스러우면서도 고마운 일이다. 하지만 내가 우리 교회 성도들에게서 진짜로 받고 싶은 선물이 있다. 그건 성도들로부터 좋은 말씀 가르쳐 주어서 고맙다는 인사를 받는 일이다.

갈라디아서 6장 6절에 "가르침을 받는 자는 말씀을 가르치는 자와 모든 좋은 것을 함께 하라"는 말씀이 나에게 위로가 된다.

물론 목사가 먼저 성도들을 지극한 마음으로 사랑해야 한다. 목사의 본분은 오직 성도들을 사랑하며 하나님의 말씀으로 양육에 최선을 다하는 것에 있으니 말이다. 언젠가는 생일날 이런 선물을 받게 될 것이다.

"목사님 가르침으로 제 신앙이 많이 컸습니다."

"목사님 가르침으로 하나님을 만났습니다."

밥 대접

밥은 생명이다. 밥을 나누는 것은 생명을 나누는 것이다.
밥을 함께 먹으면 식구다. 나는 찬밥을 싫어한다. 누구나
마찬가지겠지만 반찬이 조금 부실해도 밥은 막 지은 따뜻한
밥이 좋다.

목사를 대접하는 것은 설교를 잘 들어주는 것이다. 설교는
목사가 줄 수 있는 밥이다. 생명의 말씀밥이다. 설교를
준비하면서 찬밥이 아니라, 늘 새롭게 지은 따끈따끈한 밥이
되기를 애쓴다. 그럼에도 밥이 질 때도 있고, 설 때도 있다.
때때로 묵은 쌀로 밥한 것처럼 좋지 않은 냄새가 날 때도 있다.
그럴 때도 감사하면서 밥을 먹어주는 식구라면 분명 사랑과
신뢰가 가득한 가정일 것이다. 나의 말씀밥에 성도들의 신뢰가
있다면 참 좋겠다.

목사를 대접하는 것 중에 손쉬우면서도 소중한 것이 밥

대접이다. 목사가 술집에 가겠는가? 오락장에 가겠는가?

식당에서 밥을 먹는 것이 목사에게는 좋은 대접이다. 목사는

대접받는 데 익숙하여 교인들에게 밥을 살 줄 모른다고 한다.

하지만 나는 밥을 살 기회가 되면 열심히 사려고 애를 쓴다.

그런데도 최근에 대접을 많이 받았다. 집사에게도 대접을 받고,

새로 나온 성도한테도 대접을 받았다. 목사도 한 끼 밥을 사고

싶다고 했지만 다음으로 미루어졌다.

어저께는 다시 아주 귀한 대접을 받았다. 주보가족인데 멀리서

일부러 밥을 대접한다고 찾아왔다. 옛날에는 밥이 귀했다.

그래서 밥을 대접하는 일은 아주 귀한 일이었다. 그러나 요즘엔

밥을 굶는 사람이 많지 않다. 따라서 밥을 대접하는 일이 별거

아니라고 생각할 수도 있다. 그러나 밥을 대접하는 일은 여전히

쉬운 일이 아니다. 미리 약속을 해야 하고, 시간과 정성이

있어야 하기 때문이다. 게다가 멀리 대전까지 가자고 한다.

한번 먹어 봤는데 목사님을 꼭 대접하고 싶다는 것이다. 벌써

그에게는 여러 번 대접을 받았기에 진심어린 정성을 잘 안다.

친히 운전하여 먼 길을 안내한다. 주차하는데 벌써 감동이다.

둔산 번화가에 넓은 주차장을 무료로 개방하고 있었다. 요즘

도시 인심에서 쉽지 않은 일이라고 여겨졌기 때문이다. 식당

또한 널찍한데 심플하고 산뜻한 디자인에 아주 시원하였다. 해물샤브샤브 전문점으로 자기가 좋아하는 것을 골라 즉석에서 끓여먹는 뷔페식이었다. 아주 잘 먹었다. 당장 글을 써야겠다는 감동이 밀려왔다.

누군가를 대접한다는 일은 세심한 배려이다. '음식이 입에 맞을까?' '대접받는 사람이 좋아할까?' '번거롭게 오라 가라 하는 것이 부담스럽지 않을까?' 등등 많은 생각을 하게 된다. 그래서 누구든 대접한다고 하면 감사하게 나서야 한다.

목사에게 밥 대접한 분들 모두 복 많이 받기를 바란다. 주의 종을 대접하는 것이 주님을 대접하는 일일 게다.

목사 또한 밥 대접을 많이 해야겠다. 특별히 곤고한 사람들에게 하면 더 좋을 것이다. 그것이 바로 주님을 대접하는 일이라 여겨진다.

상 처

면사무소 복지계에서 전화가 왔다. 술에 만취된 50대 여인인데
갈 곳이 없어 그러니 잠시 맡아달라는 청이었다. 나는 식구들과
상의한 후 우선 보내보라고 말했다. 그녀에게서는 술 냄새가
진동을 했다. 어디서 왔는지, 어떻게 왔는지 대화를 할 수가
없었다. 우선 휴식이 필요할 것 같아 잠을 재웠다.

다음 날 우리는 조용히 만나서 이야기를 할 수 있었다.
이름은 김**, 60세, 남편은 건축업에 종사하는데 오래 전부터
안산에서 다른 여자와 살고 있다고 했다. 큰 아들은 결혼하여
따로 살고, 자신은 딸과 작은 아들과 같이 살고 있다고 했다.
김여인은 시집와서 33년 동안 남편에게 두들겨 맞았고,
3남매를 키우면서 채소, 과일, 생선 장사는 물론 식당, 막노동에
이르기까지 안 해 본 것이 없고, 고생한 것을 말로는 다 할 수
없다고 했다. 그런데 왜 집을 나왔을까?

딸이 대학까지 나왔는데 일정한 직업도 없이 자주 직장을
옮기며 술고래에 골초란다. 엄마가 제발 술 좀 끊으라고 한
것이 화근이 되었고, 아들까지 술을 먹고 엄마를 패서 3일 동안
견디다 못해 동네 사람들의 도움으로 간신히 빠져 나와 무작정
죽으려고 했다는 것이다. 그녀에게는 안정이 필요했다. 우선
'엔학고레'에 모셔 환영의 촛불을 밝혀주었다. 간절한 마음으로
기도를 해 주었다. 김 여인은 난생 처음 귀한 대접을 받았다고
말했다. 힘이 나면 일자리를 찾아 열심히 살겠다는 다짐도
했다. 하지만 우선은 그냥 편히 쉬도록 배려를 했다. 김 여인은
열심히 청소도 하고, 밖에서 일도 했다. 바지런하고 부지런한
그녀를 보면서 하나님이 보내주신 또 다른 천사라는 생각을
했다.

사랑이 있는 집 엔학고레는 지친 영혼이 찾아와 쉼을 얻는
주님의 숲이다. 참 평화가 없는 사람들이 찾아와 편히 쉬는
안식처이다. 가정이 불안한 사람들이 와서 가정의 회복을
경험하고, 삶에 지친 사람들이 와서 새 힘을 얻는 공간이다.
김 여인이 마음을 회복하고, 하나님을 만나는 멋진 일이
일어나기를 상상하면서 그녀를 바라보는 우리 모두의 마음이
꽃처럼 밝았다.

그녀는 일주일이 되었을 때, 정신이 났는지 일자리를 찾았다.
그녀의 빠른 회복이 감사했다. 그녀는 부여 외산이 고향이고
지켜 본 바로는 사람이 괜찮아 보였다. 음식도 잘 만들었다.
성도들이 연결하여 아는 식당에서 일을 하도록 주선했다.
일을 하려니 옷, 기초화장품, 머리염색까지 할 일이 한두
가지가 아니었다. 무엇보다도 중요한 것은 그녀의 불확실한
신원이었다. 아이들만 있다는 집엔 전화를 받지 않고, 마침
아는 식당이기에 주의할 일을 당부하고 신원을 보증하여
취직을 시켰다. 그런데 그녀가 하루 일하고는 새벽에 보따리를
싸들고 나갔다는 연락이 왔다. 나는 식당에 전화를 걸어서
사정을 물었다. 식당 주인의 말은 단호했다.

"하루 일하는 걸 보니 영 아니어서 그만 나오라고 하고 하루
 품삯을 주었습니다."

열심히 일을 해서 보은을 하겠다고 했는데 하루 만에 실직이
됐으니 얼마나 창피했을까? 그만 두라는 말을 나를 통해서
했더라면 얼마나 좋았을까? 그렇다고 식당 주인을 원망할
수는 없는 일이었다. 좀 더 충분히 휴식을 취한 다음, 자녀들과
화해를 시켜서 가정을 회복케 했어야 했는데 그녀를 놓친

것은 나의 경험 미숙이었다. 상처가 많았던 김 여인, 그 상처를 치료할 수 있는 길은 오직 사랑뿐인데 오래 사랑을 나누지 못한 것이 참 아쉽다.

4부

6천 원의 **행복**

딸이 가까이 살다보니 종종 손주들을 돌봐줘야 할 때가 있다.
지난 고난주간에도 여러 날 외손녀 서연이(4세)와 함께 시간을
보냈다. 토요일 오전까지 가족들이 함께 시간을 보내다가
아내가 잠시 봉화대로 운동을 갔다. 서연이는 부모와 함께
집에 간다고 따로 나갔다. 그런데 봉화대에서 아내가 서연이를
만나서 다시 데리고 왔다. 어떻게 된 일이냐고 물었더니 산에서
할머니를 만난 서연이는 마치 이산가족이라도 만난 것처럼
펄쩍펄쩍 뛰면서 좋아하더라는 것이다. 게다가 할머니를 꼬-옥
끌어안아주면서 소리치더라는 것이다.

"나는 할머니가 좋아, 나는 할머니 차 탈 거야, 할머니, 나랑
같이 살자."

아내는 결국 착 달라붙는 손녀를 다시 데리고 온 것이다.

다음날은 부활주일이어서 이인면 기독교 연합예배를 드리고, 종일 손님을 치르느라 녹초가 된 아내 얼굴에 피곤한 기색이 여실히 보였다. 아무래도 아내를 데리고 밖으로 나가야겠다는 생각이 들었다. 사실은 아내 생일에 남편으로서 해준 것이 아무것도 없어서 든 생각이었다.

외출을 서두르기 시작했다. 시간은 이미 5시가 넘었다. 무조건 아내를 차에 태우고 '옛터'라는 곳으로 내비게이션을 찍었다. '옛터'가 대전의 맛집이라는 이야기를 들었던 터라, 그곳에서 늦었지만 아내의 생일파티를 해주고 싶었다. 60km를 넘게 달려서 '옛터'에 도착하니 식당과 박물관을 겸한 곳이었다. 대단히 큰 규모였다. 조경이 아름답고 화려했다. 해가져서 어두워지니 분위기가 더욱 좋았다. 무조건 사진부터 찍었다. 박물관에 들러보니 '조선여인 나빌레라전'이 열리고 있었다. 조선시대 장신구들이었다. 김재용 관장이 1997년에 건립하기 시작하여 만 48개월을 하루도 빠짐없이 공사해서 이 박물관을 세웠다고 한다. 이 박물관은 관람객이 우리나라의 문화와 역사를 한 눈에 살펴봄으로써 민속에 대해 쉽게 이해할 수 있도록 설립한 공간이나.

금강산도 식후경이라고 한식당엘 들어갔더니 석갈비 1인분에 27,500원이다. 자리가 없어서 한참을 기다려야 하는데 아내가 자꾸 다른 곳으로 가자고 한다. 아내에게 비싼 음식을 사주고 싶었는데 아내의 성화에 할 수 없이 식당을 나왔다. 아내가 어둡기 전에 식장산에 올라가자고 말했다. 식장산은 대전에서 제일 높은 산이다. 해발 623.6m나 되지만 정상까지 차가 갈 수 있다. 누구나 쉽게 대전야경을 볼 수 있는 곳이다. 큰 도로에서 산길로 4-5km를 달려 정상에 올랐다. 어둠이 내리는 대전 시내 야경을 카메라에 담고 내려오다가 6천 원의 행복을 찾았다.

한식당과 '풍차'라는 레스토랑이 동시에 눈에 들어온다. 늦게나마 아내의 생일을 축하하는 자리인지라 화려한 네온의 분위기에 이끌려 레스토랑에 들어갔다. 그러나 아내가 먹고 싶은 음식이 보이지 않는다. 아내는 따뜻한 국물이 있어야 하기에 식당에서 나왔다. 아, 레스토랑에서도 따뜻한 국물을 좀 준비해 준다면 얼마나 좋을까?

이번에는 가정집에서 하는 한식당을 찾았다. 돌솥밥을 시켰다. 가격은 6천 원이어서 맛이 없지 않을까 걱정했다. 하지만 밥을 구수하게 잘했고, 잘 익은 김치가 나와서 만족스러웠다. 오늘의 주인공 아내도 마음에 드는 모양이다. 돌솥밥은 원래 기다려야 하는 법, 시장이 반찬이라는 메뉴도 준비하면서 아내와 정담을 나누었다. 열무김치는 정말 맛있었다. 식당 주인이 직접 농사지은 파란 열무김치 한 접시가 올라왔는데 생김치를 좋아하지 않는데도 침이 꿀꺽 넘어갔다. 집에서 담근 고추장과 구수한 청국장, 요즈음에도 손님들을 위해 그렇게 정갈한 밥상을 차리는 식당이 있을까? 열무김치와 고추장, 그리고 청국장을 얹어 쓱쓱 비벼먹고 났더니 부러울 것이 없었다. 게다가 아내가 사랑의 말까지 속삭여 주었다.

"무척 피곤했었는데 좋은 경치보고, 먹고 싶었던 밥을 맛있게 먹으니 너무 좋아요. 당신은 참 훌륭해요. 감사해요. 내가 시집을 아주 잘 왔어요."

아내의 칭찬에 그만 행복해진다. 아내의 말을 뒤집어 보면 내가 장가를 잘 갔다는 이야기다. 6천 원의 행복, 비싼 음식이 아니어도 행복한 저녁식사였다.

당신의 미래는 **말한 대로** 된다

40대 중년 남자들이 대학동창 모임에 나갔다. 오랜만에 만난 네 친구들은 각기 자기들의 인생살이에 대해 불평하기 시작했다. 먼저 대기업에 다니는 한 친구가 말했다.

"요즘 속이 상해 술을 너무 많이 마셨어. 아마 간에 탈이 났을 거야."

기업을 운영하는 친구가 그 말을 맞받았다.

"회사 문을 닫고 어디론가 도망가고 싶은 심정이야."

고등학교 교사인 친구도 하소연했다.

"요즘 학생들을 가르칠 맛이 안 나. 때려 치워야지."

의사인 네 번째 친구도 뒤질 새라 말했다.

"아내에게 실망했어. 아무래도 결혼을 잘못한 것 같아."

몇 년 후에 네 친구들이 다시 만났다. 이들은 모두 비참한
몰골을 하고 있었다. 술을 많이 마신 친구는 간암 선고를
받았고, 기업인 친구는 파산했다. 교사는 파면 당했고, 아내를
헐뜯던 의사는 이혼했다.

우리의 말 속에는 엄청난 힘이 있다. 미국인 여성기업가
오스틴은 여자 속옷으로 부자가 된 사람이다. 그녀는 뚱뚱한
여자들의 속옷만 판매했다. 그녀는 대형 속옷의 이름을
'뚱보형'이라고 부르지 않았다. '퀸즈 사이즈' 라고 했다.
긍정적인 말이 성공을 불러온다. 하나님은 말씀하신다.

"너희 말이 내 귀에 들린 대로 내가 너희에게
  행하리니" (민 14:28)

우리는 항상 말을 잘 해야 한다. 어려울 때는 말을 더 잘 해야
한다. 말에 우리의 미래가 들어 있다. 입버릇이 우리의 인생을

좌우한다.

어떤 사람이 약장수처럼 떠돌아다니며 살았다. 그러다가 어느
날 말의 힘을 깨달았다. 그 때부터 그는 큰소리치기 시작했다.
그러자 점점 환경이 달라지면서 작은 판매회사도 세우게 됐다.
이제 그는 넓은 체육관을 바라보면서 더 큰 소리로 외쳤다.

"이 곳을 우리 고객으로 가득 채울 것이다."

놀랍게도 3년 후 그 체육관은 수많은 그의 고객들로 가득
찼다. 하나님은 우리가 내뱉는 말을 다 들으시고 그 말대로 해
주신다. '죽겠다, 죽겠다' 하던 이스라엘 성인들은 다 광야에서
엎드려 죽었고 '이길 수 있다, 이길 수 있다' 하던 갈렙과
여호수아는 가나안 땅을 정복하는 승리자가 될 수 있었다.
우리도 믿음을 실은 말, 칭찬하는 말, 축복하는 말, 감사하는
말을 해야 하겠다. 개인과 가정과 교회와 사회가 행복한 언어,
긍정적인 말로 행복하길 바란다. 말은 반드시 말하는 대로
된다.

쐐기골 **세광교회**

쐐기골 구불구불한 길을 걷다보면 풀벌레, 매미울음이 길게
따라온다. 잠자리 떼와 벌들과 나비도 나폴나폴 따라와 혼자
걸어도 조금도 지루하지 않다. 때때로 밭에서 고추를 따던
사람들이 나를 부른다.

"목사님, 호박 좀 따 가세요."

쐐기골 사람들은 바쁘게 일하다가도 나를 보면 불러서 호박과
가지와 고추를 준다. 사람들이 준 먹거리를 안고 걸으면 길이
더 정겹다. 저만큼 보이는 교회당은 숲속에 엎드렸다가 고개를
든 어린 사슴의 얼굴처럼 어여쁘다. 교회당 지붕만 보여도
저절로 탄성이 터진다.

'아, 언제 저렇게 아름답고 늠름해졌지?'

아름드리나무 아래 죽 늘어선 탁자들, 거기 앉으면 고단함과
근심이 말끔히 씻겨 나간다. 아무도 없는 빈 탁자와 빈
의자에도 나무는 그늘을 드리우고, 바람이 오래 머물러 있다.
아, 정말 시골이다. '쐐기골' 이름처럼 골짜기 깊은 곳에 앉은
교회다. 교회당 마당은 고운 흙과 잔돌이 웃고 있다. 교회학교
아이들은 예수님을 만나고, 아주 작은 개미들과도 소곤소곤
이야기를 나눈다. 잔디 깎기가 힘들기는 하지만 제때에
깎아주기만 하면 푸른 구름을 깔아놓은 듯 어여쁘다. 구름도
지나가다가 교회당 지붕 위에서 잠시 턱을 괴고, 바람도
지나가다가 아름드리나무에 달라붙어서 가지를 흔든다.

쐐기골에 밤이면 반딧불이 떼를 지어 날라 다니는 상상을 해
본다. 개울물에 가재와 물고기들이 사는 꿈도 꾸어 본다. 그런
자연 속에서 성도들과 청소년들이 몸과 마음을 단련하면서
하나님을 찬양한다면 얼마나 좋을까? 주일날 예배를 드린 후에
개울가에 가서 참붕어를 잡고, 논두렁을 기웃거리다 우렁을
잡을 수 있다면 우리 아이들의 창의력과 상상력은 저절로
길러질 것이다.

쐐기골 세광교회,

이름대로 한 줄기 빛을 우리 아이들에게 강력하게
부어주고 싶다. 그래서 교회가 우리 아이들로
하여금 스스로 미래를 열어 나갈 수 있는
개척정신과 공동체정신이 충만해지도록 도움을
준다면 얼마나 좋을까?

신나는 음악회

교회창립 27주년 기념주일(2011. 4. 10)에 '작은 음악회를 열게
되었다. 이번에 우리 세광교회를 방문하여 연주를 하게 된
단체는 '사랑만들기3'이다. '사랑만들기3'은 지난 2005년 1월 3일
포털사이트 다음(daum)에 회원 수 10명으로 출발하여 현재는
70여 명의 회원이 활동을 하는 연주봉사단체이다. 2005년 1월
5일 공주원로원에서 펼친 첫 공연을 시작으로 이번 세광교회
초청공연이 79회째이다. 회원들은 음악 전공자들이 아니라
대한민국에서 가장 살기 좋은 고장인 공주시에 사는 사람들,
특별히 음악을 사랑하는 평범한 사람들의 봉사모임이다.
그들은 주로 소외되고 외롭고 어렵게 지내는 이웃들을
찾아가서 연주로 기쁨을 주는 봉사단체이다.

음악회를 앞두고 성도들은 각 구역에서 떡과 과일, 그리고
반찬을 한 가지씩 준비하기로 결정했다. 주봉구역은 마을
분들이기에 준비 과정을 옆에서 소상히 보게 되었다. 준비하는

마음들이 너무 예뻐서 여기에 적어 본다.

주봉구역이 맡은 것은 미역국이다. 그런데 구역예배 때 어떻게
할 건지 회의에 붙였더니 반찬이 부족한 것 같다며 얼마씩
걷어서 나름대로 조금 더 준비하자는 의견이 모아졌다. 그래서
부드럽고 향긋한 봄나물인 취나물을 무치고, 소고기를 사서
미역국을 끓이자고 결정했는데 누군가 전을 부쳐야 고소한
냄새가 동네에 퍼지고, 잔치분위기가 난다고 말해서 전까지
준비하게 되었다.

아침나절부터 동네 분들이 와서 전을 부쳤다. 정말 고소한
냄새가 논두렁 밭두렁을 지나 동네 고샅길을 따라 퍼져갔다.
아이들도 달려오고, 2구에 사시는 할머니들도 찾아오셨다.
하나님도 고소한 전유어 냄새에 구름을 끌고 오신 걸까?
차일을 친 것처럼 엷은 구름이 덥지 않게 해 주었다. 봄바람도
산들산들 불어왔다. 개나리가 한껏 꽃망울을 터트리니 교회는
그야말로 꽃동산을 이루었고, 천국처럼 아름다웠다.

오전에는 하나님께 지극한 마음으로 예배를 드렸고, 준비한
음식들을 정답게 나누었다.

오후에는 '사랑만들기3와 함께하는 주민초청 기념 콘서트',
우리말로 쉽게 풀면 '재미있는 음악회'이다. 시간이 되자
MC이자 싱어인 전홍남 장로가 바이올린을 들고 등단하여
단원들과 함께 귀에 익은 노래 한 곡을 연주한다. 그리고
담임목사인 필자에게 인사를 시키면서 노래를 청하여
'보리밭'을 불렀다. 금방 가사와 함께 반주가 나오니 신기했다.
초대가수 유옥희 님은 자작시 '금강에 부는 바람'을 부르고,
한반도라는 예명을 가진 최재웅 씨는 친근한 트로트를 불러
분위기를 띄운다. 이어서 동네 분들의 노래자랑이 이어졌다.
어르신들이 덩실덩실 춤을 추며 한 곡조 부를 때마다 교회당에
웃음꽃이 터졌다. 교우들도 자연스럽게 나와서 노래도 하고
춤도 추니 천국이 또 한 번 펼쳐졌다. 음악회가 끝날 무렵, 잘한
사람이나 못한 사람이나 골고루 상을 주어서 모두가 더 기쁘고
더 행복했다. 복음성가로 마무리 하면서 짤막하게 복음을 담아
전도 메시지를 전하고, 기도로 마무리 하였다.

마을 주민들과 함께 한 교회 창립행사, 이제부터는 창립행사가
아니더라도 자주 마을 주민들을 불러 잔치를 벌이고 복음을
전하는 교회가 되었으면 좋겠다.

명품도시 공주를 꿈꾸다

우리는 그동안 '지구가 아프다.' 혹은 '지구를 살리자.' 라는 말을 많이 사용해 왔다. 이 말 속에는 '살아 있는 지구'의 의미가 들어 있다. 다시 말하면 지구가 우리들처럼 생명력을 지닌 '살아 움직이는 유기체'라는 것이다.

21세기에 들어선 이후 그동안 누적되고 쌓였던 문제들이 한꺼번에 터지는 느낌을 받는다. 환경파괴, 기후변화, 식량문제, 생태계 교란, 핵 문제 등 인간들이 만들어낸 문제들과 더불어 지진이나 화산, 극 전환, 태양풍의 위험 등 지구가 급박하게 처해있는 우주적 차원의 위험들에 대해서 과학자들이 경고하고 있다. 과학자들의 경고가 아니더라도 우리는 매일매일 온 몸으로 이런 변화들을 느끼고 있다. 사계절이 사라져 버린 날씨, 폭우와 가뭄, 5월의 우박, 폭염과 강추위, 극심한 식량난, 1%와 99%의 양극화 등 피조세계가 내뱉는 고통의 신음소리를 우리는 듣고 있다. 극단을 오가는 변화들을 경험하면서 우리의 미래가 안전하지 못함을 실감하는 것이다.

올해(2012)는 유례없이 한꺼번에 세 개의 태풍이 지나가면서
많은 상처를 남겼다. 이 또한 기후변화에 따른 영향이라고
한다. 그러나 태풍이 지나가도 꿋꿋하게 익어가는 과일들을
바라보면 자연의 신비, 생명의 신비에 저절로 머리가 숙여지고
감사가 터져 나온다.

'금강 달빛 별빛 이야기'가 흐르는 고장 공주는 역사와 문화가
살아 숨 쉬는 도시이다. 백제의 고도 공주에 살면서 전통
있는 백제문화제에 참여하여 함께 축제를 만들어가면서 각종
문화행사에 참여할 수 있다는 것은 특권이고 행복이다. 특히
향토문화연구회에 가입하여 지역의 여러 역사유적을 탐방하고
각종 심포지엄에 참여하면서 듣고 보는 즐거움이 상당히 크다.

공주는 아름다운 금강이 흐르고 계룡산이 병풍처럼
둘러있으며, 공산성, 봉화대, 금학생태공원, 정안천변, 구절산,
호태산 등 쉽게 오를 수 있는 산과 공원이 도처에 있다.
또한 공주에는 국립공주박물관, 역사박물관, 교육박물관,
민속극박물관, 선사유적박물관, 산림박물관, 자연사박물관,
지당박물관 등 박물관이 아주 많이 있다. 그뿐이 아니다.
임립미술관을 비롯하여 자연미술 등 볼거리가 많다. 게다가

사랑하는 사람들이 있으니 살기 좋은 공주가 나에게는 두 번째 고향이 되었다. 물 좋고 산 좋은 공주에 산다는 것이 복이다. 그래서 푸른 공주, 사람들이 찾고 싶은 공주를 만들고 싶은 소망을 가지고 환경문제에 대해 고민하고 실천하는 것은 당연한 일이다.

지난 6월 제29회 환경주일은 '핵문제'를 주제로 다루었다. 미국 쓰리마일(1979), 구 소련의 체르노빌(1986), 그리고 작년 후쿠시마 원자력발전소 사고를 통해 우리는 핵에너지가 얼마나 위험한 것인가를 경험했다. 핵 옹호자들이 그토록 주장하는 핵에너지의 안전성, 경제성, 청결성이 진실이 아니라는 것을 확인한 것이다. 핵은 문명의 이름으로 포장된 인간의 탐욕과 교만의 산물이며, 후대에 돌이킬 수 없는 재앙을 물려주는 씻을 수 없는 죄악이다.

우리에게는 하나님께서 주신 다른 풍성하고 안전한 착한 에너지들을 갖고 있다. 햇빛, 바람, 물, 땅의 가장 기본적인 에너지들이 바로 그것들이다. 이들을 통해 얼마든지 핵에너지를 대신할 수 있다는 것을 독일이나 유럽의 국가들이 보여주고 있다. 2020년경이 되면 태양광이나 풍력

같은 대안에너지들이 원자력보다 생산 단가가 낮아진다고
학자들은 전망하고 있다. 그래서 지난 9월에는 필자의 주택에
태양광발전시설을 설치했다. 태양광은 하나님이 주신 착한
에너지라 믿어졌기 때문이다.

하나님은 우리에게 휴식해야할 밤을 주셨지만, 원전 발전으로
과잉된 전기가 휘황찬란한 빛을 주고 대신 밤을 몰아냈다.
여름에 냉방에 긴팔 옷을 입고, 겨울에는 난방에 반팔 옷을
입고 사는 것은 하나님의 창조세계를 거역하는 일이다.
겨울에는 추위를 견디고, 여름에는 더위를 잘 견뎌야만
건강해진다. 긴긴 겨울을 잘 견디고 올라와 준 온갖 봄나물에는
좋은 영양소들이 가득하지 않은가? 사람도 마찬가지다.
그런데 사람은 문명의 이기들로 인해 자연을 역행하면서 살고
있다. 제철 과일이 사람의 몸에 가장 좋은 것임에도 불구하고
한겨울에 수박을 먹고, 가을에 딸기를 먹는다.

한 가지 덧붙이자면 사람이 자기가 좋아하는
일을 평생 직업으로 삼으면 고된 일을 하지 않고
행복하게 살 수 있다고 한다. 취미가 낚시였다가 낚시가
직업이 된 사람도 있다. 요즘엔 낚시방송도 있어서 낚시하면서

돈을 번다고 한다. 낚시가수도 있다. 낚시하는 이야기를
노래하는데 전국 낚시대회나 각 지역 낚시대회에서 인기 있는
가수라고 한다. 이렇게 자기가 좋아하는 일을 하면서 즐겁고
행복하게 살 수 있다면 더없이 감사한 일이 될 것이다.

공주가 좋아서 공주에 살면서 환경을 생각하고 살기 좋은
공주를 만든다는 상상을 하면서 작은 것부터 실천을 하는
것은 신나고 보람된 일이다. 저탄소 녹색생활을 공주시민
모두가 실천하여 녹색도시 공주를 만든다면 전 국민들이 찾고
세계인들이 찾는 아름다운 공주가 될 것이다. 더욱이 공주는
역사와 문화가 살아 숨 쉬는 자랑스러운 명품도시가 아닌가?
공주에 살면서 공주를 꿈꿀 수 있어서 참 행복하다.

(푸른공주21추진협의회 주최 글짓기대회에서 우수상작)

교회 관리인들의 **애환**

필자가 판교교회 전도사 때부터 알고 지내며 늘 성도의 교제를
유지해 온 임 집사와 전 집사가 휴가차 엔학고레에 머물렀다.
그들의 직업은 교회 관리인이다. 30년이 넘도록 주보를 보내고,
선교헌금으로 교제를 나누었던 분들이다. 수요일에는 역시
대형교회 관리인으로 섬기는 황 집사와 연 집사가 합류했다.
며칠 동안 그들로부터 교회 안에서 당해 온 애환을 들을
수 있었다. 고약한 목사로부터 고통을 받는 경우도 있었고,
사모가 개인비서처럼 부리는 경우도 있다고 했다. 그들이 겪는
어려움은 거기서 끝나지 않는다. 교회 사무장이나 관리장로의
횡포와 무례를 견디는 일도 참 힘들다고 말한다. 예를 들면
교회차량에 대해서 주유 기록과 주행 거리를 검사하며 왜
이렇게 많이 썼느냐는 지적을 받기도 한단다. 더 가관인 것은
남편의 월급만으로 살면서 아내가 교회 직원들 밥을 해주는
일도 있다고 한다.

20여 년 전부터 교회 관리인 모임인 '청지기회'가 있다고
한다. 한 때 한국기독교노동조합이 있어서 혹시 노조를
만들려고 모이나 해서 의심과 곱지 않은 시선이 있었지만 교회
관리인으로 살려면 전기, 가스, 승강기, 선풍기, 난로, 일체
고장수리로부터 운전, 차량관리, 청소 등 일이 많기 때문에
서로 섬김 나눔과 교제, 교육, 선교를 목적으로 모인다는
것이다.

작은 교회 목사는 예배와 행정, 심방과 교육, 그리고 차량운행,
교회관리까지 다 감당한다. 나 역시 잔디 깎기와 주변 환경정리
등 모든 것을 다 한다. 그러기에 저들을 더 가까이에서 이해할
수 있었다. 3박3일 동안 같이 여행도 하고, 밥도 함께 먹고,
사로의 삶을 털어놓는 아주 특별한 경험을 나누었다.

그들을 배웅하면서 그들의 이야기를 좀 더 많이 들어주지 못한
것이 안타까웠다. 그들이 지치고 힘들 때 어머니의 집에 가듯
찾아올 수 있는 '엔학고레'였으면 좋겠다. 그들이 한껏 소리
내어 웃던 웃음소리가 아직 세광교회 마당에 남아있는 것 같다.
모쪼록 세광에서 가득히 충전한 사랑을 품고 소속 교회에서
사역을 빛이 나게 잘 감당하면 좋겠다. 사람은 알아주지

않아도 하나님은 그 수고와 눈물을 보시고 반드시

갚아주심을 마음에 꼭 새기면서 늘 건강했으면 좋겠다.

중복 장애의 고통

지금은 세광교회를 떠나서 다른 시설에서 생활하고 있는
배용운 집사의 이야기이다. 배용운 집사는 지체장애 1급에
간질까지 해서 종종 고통을 겪는다. 요즘은 눈이 잘 보이지
않아서 어려움을 겪고 있다. 사실 요즘이 아니라 꽤 오래 된
일이다. 누가 가까이 와 있어도 몰라본다. 말을 해야 겨우
알아보니 말이다. 그런데 우리 '사랑이 있는 집'에 천사가
나타났다. 마음씨가 비단결처럼 착한 이선효 집사이다.
공동체에 올 때마다 배 집사에게 관심을 갖더니 지난 연말에는
성탄 선물로 안경을 하나 해주고 싶으니 안과에서 눈을 검사해
달란다. 다 알다시피 연말연시에는 성탄행사에 송구영신예배,
신년도 직원임명, 목회계획 등 무척 바쁘다. 게다가 두 아이
대학 입시에 가, 나, 다군 세 개 대학 여섯 곳이나 오가며 혼을
뺐다. 딸은 실기가 있기 때문에 나를 더욱 바쁘게 만든다. 한
주에 서울을 세 번씩이나 오가는 경우도 있었다. 이런 와중에
배 집사를 데리고 공주 시내에 있는 안과에 갔다. 안과에서는

검사 불능 판정을 하며 대학병원에 가서 정밀검사를 받으라는
진단서를 발급해 주었다.

배용운 집사를 데리고 대전 건양대학교 병원에 갔다. 기다리는
시간을 포함해서 무려 4시간에 걸쳐 시신경 검사를 포함하여
정밀 검사를 받았다. 판정 결과는 시신경이 말라서 안경도
소용없고, 치료도 불가능한 시각장애 1급에 해당된다는 것이다.
세상에, 배용운 집사가 겪고 있는 삼중고에 가슴이 무너져
내린다. 마치 내 눈이 보이지 않는 것처럼 앞이 뿌옇게 변한다.
배용운 집사를 바라보니 측은하기가 이루 말할 수가 없다.
사지마비 지체장애 1급, 그리고 간질만으로도 힘든 인생인데
시각장애 1급이 보태졌으니 중증에서도 최중증이다. 그럼에도
불구하고 배용운 집사의 영은 말할 수 없이 맑다. 오직
하나님만 바라보며 신앙으로 살고자 하기 때문이다. 그에게는
바라는 일도 없다. 그저 하나님만 찬양하기를 소원한다.

중복장애인 등록을 위해 장애 판정서를 떼어달라고
요청하였다. 그러나 병원에서 기록은 하지만 거주지 읍면
동사무소에서 의뢰서를 떼 가지고 와야 한다는 것이다. 하는 수
없이 돌아와 기왕 등록하려면 현재 살고 있는 주봉리 21번지로

전입하려고 면사무소에 갔다. 세대주로 독립하려면 현재
동거인으로 있는 형의 도장이 필요하다고 한다. 또 다시 대전에
갈 일이 있어서 형에게 연락하여 빨리 퇴거하라고 부탁했다.
아울러 장애진단 의뢰서를 받아달라고 일렀다. 이번에는
사진 두 장이 필요하다고 한다. 지난번에 일러줬더라면
얼마나 좋을까? 대전에 갈 일이 있어서 그러니 추후에 사진을
붙이기로 사정하여 서류를 만들었다.

대전에 나가 볼 일을 보고 병원엘 들렀다. 역시 사진이
붙어있지 않아서 못해준다고 한다. 나도 장애인 심부름이니
멀리서 헛걸음되지 않도록 우선 판정을 해주면 사진을
보내겠노라고 사정을 하였다. 물론 성직자인 신분을 밝히면서
말이다. 형편은 알겠지만 국가기관에 보내는 서류이기에
그렇게는 해줄 수 없다고 웃으면서 송구스럽다는 말을
덧붙인다. 장애인 등록을 하려면 장애인을 데리고 사진관에
가서 사진을 찍고, 사진을 서류에 붙여 면사무소에 가서
확인 도장을 찍고, 다시 병원에 가서 장애진단서를 받아다가
면사무소에 제출한 다음 서류결재가 나야 된다는 얘기다.

삼중고로 살아가야 할 배용운 집사의 고통을 어찌할꼬? 배용운

집사를 바라보고 있으니 마음이 많이 아프다. 몸은 성한 곳이 하나도 없고, 먹는 것과 배설을 모두 남의 손에 의지해야만 하는 사람, 몸이 틀어져 있어서 혼자서는 움직일 수 없는 사람, 그 마음이 얼마나 고단할까? 절망감에 쌓였던 날이 얼마나 많았을까? 차라리 죽기를 소원했던 날은 또 얼마나 많았을까?

보름날이라고 배용운 집사는 윷을 던져 본 일이 없다. 연을 날려 본 적도, 제기를 차 본 적도 없다. 널뛰기를 해 본 적도 없고, 그네를 타 본 적도 없다. 배용운 집사는 세광교회에 온 것이 첫 외출이었다.

사랑은 한문 사량(思量)에서 왔다고 한다. 즉 상대를 생각하고 헤아리는 것이 사랑이다. 교인들 누구보다도 내 마음을 차지하고, 나로 하여금 많은 생각을 하게 만드는 배용운 집사, 그를 통해 이웃을 생각하고, 장애를 생각하며 지낸다. 그로 말미암아 많은 생각을 하게 되고 헤아리게 된다. 그는 나를 사랑에 눈뜨게 한다.

지난 주 오후예배 설교는 바울이 갈라디아 교회에 보낸 편지(갈 4:8-20)를 중심으로 '눈이라도 빼줄 수 있을까'였다. 우리 세광교회 성도들 역시 같은 마음이다. 배용운 집사에게 눈이 되어 주고, 손이 되어 주고, 발이 되어 주기를 원한다. 쓰러져 간질을 할 때 꼭 안아주기를 원한다. 배용운 집사를 바라보는 우리 세광교회 성도들의 마음이 참 따뜻하다.

후기

배용운 집사가 중복장애인으로 등록이 되자 사랑이 있는 집으로 독립시켜 정부 지원금을 받게 되었다. 그러자 배 집사 가족들이 그를 집으로 데려갔다. 그러나 배용운 집사는 얼마 후에 다시 가족을 떠나 장애인복지시설로 옮겨졌다. 정부 지원금이 있다고 해서 가족들이 돌보는 것이 결코 쉬운 일은 아니었을 것이다.

배용운 집사는 주보에 적힌 자신의 시를 보면서 기뻐했다. 인간다운 삶을 살고 있고, 사랑받고, 존중받고 있다고 고백하던 그의 어눌한 목소리가 아직도 귀에 쟁쟁하다.

보신탕

공주대학교 총장을 지낸 최석원 공주향토문화연구회
회장(현재 국회국가개혁특위위원장)이 점심을 함께 하자고
했다. 장소는 시내에 있는 보신탕집이다. '왜 만나자고 하시는
거지? 나 같은 시골 목사에게 도움 청하실 일도 없을 텐데.......'
궁금한 마음에 약속 시간이 되어서 나가니 벌써 와 계신다.
최석원 회장의 웃음소리가 정겹다.

"목사님 책을 읽어보니 보신탕을 하시는 것 같아 그냥 좋은
분들과 함께 복더위에 몸보신 하려고 불렀습니다."

마음 가볍게 좋아하는 분들과 함께하는 즐거운 밥상, 복더위에
먹는 보신탕은 저절로 기운이 솟구쳐 올라오는 느낌이다.
지난 월요일에는 동네사람들과 함께 마을 진입로 제초작업을
하고 초복맞이 점심을 함께 했다. 주로 보신탕을 시켰고 일부
삼계탕을 먹기도 하였다. 마을 반장으로서 진입로에 풀이

우거져서 추진한 일이다. 보통 추석 전에 한번 하는데 그때
가서 내 집 앞, 혹은 내 농지 앞은 각자 신경을 쓰기로 하고,
함께 밥 한 끼 나누고 싶어서 추진하였는데 잘 먹었다는 인사에
민망했다.

이번 주로 각 구역심방이 끝났다. 마지막으로 주봉구역에
편성된 서천 황대연 장로님 댁을 심방했다. 멀기에 매번
구역예배를 드릴 수 없어서 1년에 두세 번 간다. 갈 때마다
융숭한 대접을 받아 미안하다. 하지만 밥상공체가 참으로
행복하다. 이번에는 보신탕을 먹지 말자는 제안을 하는 분이
있어서 논의를 하였다. 그런데 다수가 보신탕을 택한다.
여름에는 몸보신에 보신탕만큼 좋은 것이 없다고 입을 모은다.
결국 보신탕교제는 계속 이어진다. 보신탕으로 정도 나누고
건강도 챙기는 것이다.

사실 몸보신에는 보신탕이 최고다. 수술 환자들도 보신탕을
먹어야 회복이 빠르다고 한다. 전 세계에서 유독 보신탕을
좋아하는 대한민국, 우리는 왜 이렇게 보신탕을 즐기는
것일까? 가난한 우리 선조들이 소나 돼지 대신 개라도
잡아먹고 건강을 유지했던 것은 아닐까? 얼마 전만 해도

보신탕 하면 저속하고 교양 없는 사람들이 먹는 것처럼 여겼다.
보신탕을 먹지 않는 사람들도 아직 많이 있는 것도 사실이다.
실제로 88 올림픽을 유치할 때 국제회의에서 한국은 개를
잡아먹는 동물학대, 미개한 나라이기 때문에 안 된다는 위기에
봉착했던 점은 익히 다 아는 사실이다. 그때 우리나라 대표가
물었다.

"당신네 나라는 말고기를 먹지 않습니까?"

"우리는 식용 말을 사육하여 먹습니다."

"그래요? 우리도 애완용 개는 먹지 않습니다. 식용 개를
사육하여 먹습니다."

우리나라 대표는 탁월한 답변으로 위기를 넘겼고, 무사히
올림픽을 유치할 수 있었다. 나 역시 지금은 보신탕을
즐겨먹지만 예전에는 보신탕을 먹지 않았다. 언젠가 한 열흘
앓고 났더니 어지럽기도 하고, 힘이 빠져서 도무지 기운을
차릴 수가 없었다. 그런 나를 보고 누군가 보신탕을 먹어보라고
권했다. 보신탕을 먹은 후, 정말 몸의 기력을 회복할 수가

있었다. 그리고 맛도 좋았다. 보신탕은 그렇게 먹기 시작했다.

아주 오래 전에 있었던 일이다. 한번은 교회에 갔더니 마을
주민들이 못자리를 끝내고 시내 나들이를 간다고 한다. 일을
마치고 한 잔들 하러 가는 여유 있는 모습이었다. 나는 기꺼이
차량봉사를 자청했다. 목적지를 물었더니 보신탕집에 간다는
것이다. 아니 그 좋은 것을 왜 목사에게는 같이 가자는 말을
않느냐고 했더니 마을 주민들이 놀라서 묻는다.

"목사님도 보신탕을 먹을 줄 아세요?"

나는 즉각 대답을 했다.

"소고기 안 먹는 사람도 있나요? 소고기를 모두가 먹는 것처럼
개고기도 모두가 먹을 수 있는 거지요? 개고기는 안 된다는
말이 옳지 않습니다."

그날, 동네 주민들과 금방 한 식구가 되어 맛있는 식사를
나누었다. 물론 다시 집에까지 모셔다 드리면서 다음 모내기를
마치면 내가 한번 사리라는 약속을 한 후, 한 번 더 동네

주민들과 보신탕 교제를 나누었다.

예전과 달리 지금은 한 겨울에도 보신탕을 찾는 사람들이
있다. 이제 개고기는 한 여름 보양 음식이 아니라 사계절
보양식이 된 것이다. 더구나 지금은 개고기를 먹는 것에 대해
비난하는 사람이 적다. 다만 걱정되는 것은 개를 도축하는 곳의
위생문제이다. 또 개를 사육하는 곳도 차츰 문제를 드러내고
있어서 양계장이나 우사, 혹은 돈사처럼 철저한 관리가 필요한
시대에 와 있는 것이 아닌가 하는 생각이 든다.

세광교회, **아름다운 꿈**

우리 교회는 오래 전부터 복지관에 대한 꿈이 있었다. 기도하던
중에 이 일을 위해 구체적으로 교인들이 정성을 모으기로
하였다. 그래서 오늘은 종합복지관에 들어 갈 내용을 이야기
하려고 한다.

첫 째는 교회가 현재 사용 중인 식당이다. 먹는 문제는 가장
시급한 민생고 아닌가. 먹으면서 모든 문제들이 풀린다.
먹으면서 계획들이 생겨나고, 먹으면서 힘을 얻는다. 특별히
교회 식당은 환경이 좋아야 한다. 넓어서 마음과 몸이
자유로워야 한다. 그런데 현재 식당으로 사용 중인 건물은 교회
정면을 막고 있다. 식당 용도로 지은 건물이 아니라 불편하고
협소하다. 그래서 넓고 아름다운 식당을 마련하는 꿈을 꾸고
있는 것이다.

또 하나 자주 이야기 되는 것이 교육관이다. 어린이와 중고등부

교육실이 없어서 본당과 엔학고레 찻집을 사용하고 있다.

가정으로 말하자면 아이들이 마음껏 꿈을 꾸고, 마음껏 공부를
할 수 있는 방을 마련해 주지 못한 것과 같은 처지이다. 물론
넉넉하지 않은 환경에서도 바르고 곧게 자라는 아이들도 있다.
하지만 그것은 부모가 자녀를 위해 최선을 다해 사랑을 주면서
양육할 때 일이다. 아이들에게 방을 마련해 줄 수 있는데도
마련해 주지 않거나 어렵다는 것을 핑계 삼으며 방을 마련해
주기 위해 애쓰지 않고 계속 미룬다면 그 자녀가 상처를
입지 않겠는가? 그렇게 자란 자녀가 스스로 귀한 사람이라고
생각할 수 있을까? 교회에서도 마찬가지다. 교회의 미래는
교육에 있고, 미래가 밝은 교회는 어린이와 학생들이 많은
교회이다. 그래서 식당과 교육관이 함께 있는 아름다운 건물이
건축되어지기를 간절히 소원하며 꿈을 꾼다.

다음으로 복지하면 절실하게 꿈을 꾸며 생각하는 것이 있는데
그것은 조용히 생을 마감할 수 있는 '안식의 집'이다. 지금은
대부분 핵가족이다. 장애인이나 노인들이 복지시설이나
병원에서 생의 마지막인 죽음을 맞이한다. 문제는 경제적
여건으로 인해 좋은 복지시설이나 좋은 병원에 갈 수 없는
경우이다. 그들은 제대로 돌보아 주지 않는 곳에서 삶의 마지막

시기를 아주 고통스럽고 외롭게 지낸다.

필자는 오래 전부터 '요람에서 무덤까지' 책임지는 교회
모습을 꿈꾸었다. 태어날 때 분만실에 찾아가 기도해 주고,
결혼할 때 주례를 서주고, 죽을 때 임종예배 드려주고, 예배당
옆에 수목장을 해주면 얼마나 좋을까? 특히 마지막 임종은
매우 중요한 시간이다. 그 시간을 중환자실에서 시달리거나
홀로 외롭게 임종을 맞는 것은 슬픈 일이다. 예배당 마당
한쪽에 사람 마음을 평화롭게 하는 아름다운 건물을 짓고
호스피스 병실 하나를 갖출 수 있기를 소망한다.

또 하나의 꿈은 성도들의 건강을 위하여 탁구대를 펴 놓을
수 있는 체육관을 갖추는 일이다. 그리고 또 한 가지, 이것은
개인적인 소망이다. 나의 책이 모두 들어갈 수 있는 서재를
갖는 꿈, 과한 욕심일까? 서재 창문 너머로 새들이 날아다니는
것이 보이면 참 좋겠다. 물론 그 외에도 꿈은 더 있다. 노인
성도들이 쉴 수 있는 사랑방과 다목적실을 갖추면 참 좋을 것
같다.

나의 또 다른 꿈은 매우 특별하다. 공주의 문인들과 시인들과

음악하는 사람들이 찾아오는 세광교회를 꿈꾼다. 현재
세광교회는 작지만 아름다운 마당을 가지고 있다. 마당가에는
아름드리나무가 줄지어 서 있고, 어느 계절이나 온갖 새들이
날아와 지저귄다. 화가나 문인들이 나무 아래 앉아 시를 쓰고,
그림을 그리는 모습을 상상해 본다. 이들이 깃들일 수 있는
방과 음악인들의 연습공간도 있으면 참 좋겠다.

세광교회를 사랑하는 사람들, 그리고 성도들의 뜻과 정성이
모아져 작지만 아담하고 예쁜 복지관이 지어졌으면 참
좋겠다.

날마다 이 세상 첫날처럼
시인 나태주 공주문화원장

공주에서는 매주 토요일마다 명사를 초청하여 '금강 달빛 별빛 이야기'란 이름으로 토크쇼를 진행하고 있다. 지난주에는 우리 지역의 시인인 공주문화원장 나태주 선생을 모시고 아름다운 이야기꽃을 피웠다.

우천관계로 공주문예회관 소강당에서 공주문인협회 박정란 회장의 사회로 진행된 이날 행사는 본 행사에 앞서 필자가 시민의 한 사람으로 나태주 시인의 시 「풀꽃」에 성요한 신부가 곡을 붙인 노래를 공주대학교 송해성 교수의 기타반주에 맞춰 불렀다. 노래가 끝나자 딱딱하고 엄숙했던 분위기가 살짝 풀렸다.

이어서 나 시인의 시인 등단 40주년 기념 영상을 화면을 채웠다. 그리고 시 낭송과 노래가 이어지면서 시인의 사랑이 가득 담긴 인생 이야기가 금강에 내린 별빛처럼 부드럽게,

때로는 반짝이며 청중들의 마음을 적셔갔다. 나태주 시인의
등단의 사연도 재미있었고, 그의 첫사랑과 결혼 이야기도
잔잔한 감동을 주었다. 나태주 시인은 시종 잔잔한 웃음과
감동으로 청중을 이끌어 갔다. 시처럼 아름다운 시인의 인생
이야기는 우리 모두를 아름답고 행복하게 만들었다.나태주
시인의 강연을 여기 지면에 잠간 옮겨 보고자 한다.

나태주는 나이 16세에 시인의 꿈을 가슴에 품었다고 한다.
일찍 자신의 길을 정한 셈이다. 그는 1963년 공주사범학교를
졸업하고, 이듬해 초등학교 교사를 시작했고, 지난 2007년
8월 공주 장기초등학교 교장으로 정년퇴임한 후에는
공주문화원장으로 재직하고 있다.

나태주는 1971년 서울신문 신춘문예에 시 「대숲 아래서」가
당선되어 시인이 되었다. 그 때 심사위원이 박목월 선생과
박남수 선생이었다고 한다. 그 뒤 시집 『대숲 아래서』『막동리
소묘』『시인들 나라』등 29권, 산문집 『외할머니랑 소쩍새랑』
『시골 사람 시골 선생님』, 그리고 시화집, 사진시집 등을
출간하며 왕성한 문단활동을 하고 있고, 비록 키는 작지만
월남전까지 다녀왔다고 하니 그에게서 강단이 느껴지는 것은

다 이유가 있었다.

길에서 우연히 만난 중매쟁이의 소개로 듬직하고 어여쁜
여인을 만나서 박목월 선생의 주례로 결혼을 했는데 그
듬직하고 어여쁜 여인이 지금의 아내라고 한다. 주례를 서 주신
시인 박목월 선생님은 첫 시집에 서문을 써 주시는 등 박목월
선생으로부터 입은 은혜가 크다고 설명했다.

나태주 시인은 청소년 시절에 세 가지 꿈이 있었다고 한다. 첫
째가 아름다운 땅 공주에 사는 것이고, 두 번째는 시인이 되는
꿈, 그리고 세 번째가 결혼하는 꿈이었다고 한다. 참 소박하고
아름다운 꿈들이다. 나태주 시인은 그 꿈을 다 이루었다면서
행복하게 웃는데 그 웃음이 어찌나 맑던지 청중들도 함께
웃었다.

나태주 시인은 시골에 살면서 중앙 문단의 벽을 뚫기가 여간
어려운 일이 아니었다고 말한다. 70년대와 ·80년대 이념을
뛰어넘어 서정시인으로 살기도 쉽지 않았다고 말한다. 그러나
시골의 자연 속에서 구름을 보면서, 들길을 걸으면서 시대
이후의 사람들에게까지 울림을 주는 시를 쓰고 싶었다고
고백한다.

나태주 시인은 소설가의 꿈도 있었다고 한다. 사실 외국의
저명한 작가들은 시와 소설, 그리고 동화까지 모든 장르를
망라해서 작품 활동을 한다. 유독 우리나라만 시와 소설과
동화의 경계를 구분하고 작가로 하여금 한정짓도록 강요한다.
시인 나태주가 쓴 장편 동화집 『외톨이』에는 시인이 보낸 어린
시절의 이야기가 들어있다고 한다.

사회자가 나태주 시인에게 묻는다.

"시인께서는 그동안 아주 많은 시집을 내셨고, 아주 많은
시들을 발표하셨습니다. 그래서 다작시인이란 말을 듣고
계신데 이 점에 대해서 어떻게 생각하십니까?"

사회자는 나태주 시인이 부러웠을까? 약간 꼬집는 듯한
사회자의 발언에 시인이 명쾌하게 대답한다. 청중은 한바탕
웃었다.

"예. 다작시인이라는 말은 그래도 좋은 표현이고,
설사시인이라고도 하지요. 저는 설사시인 맞습니다. 그러면
변비시인이 더 좋을까요?"

시인의 그림 솜씨가 수준급이라는 사실은 익히 알려져 있다. 그는 논산의 호암초등학교 교감 시절, 풀꽃과 아이들과 자연을 보면서 산문도 쓰고, 그림도 그리기 시작했다고 시를 낭송하듯 들려준다. 시인의 목소리가 참 부드럽다. 아무리 오래 들어도 거슬리거나 지루하지가 않다.

장기초등학교에 교장으로 재직하던 2006년도에는 무려 2천 페이지가 넘는 시 전집을 12번이나 밤을 새우며 교정 작업을 한 후에 책을 냈다고 한다. 문학에 대한 열정과 책임감을 들여다 볼 수 있는 대목이다. "시는 쓰고 나면 내 것이 아니다." 라는 시인의 말을 들으며 새삼 나의 글쓰기에 대해서도 생각해 보았다. 시는 발표가 된 순간 읽는 이의 것이 되는 것은 확실하다.

시인이 들려 준 이야기 가운데 죽음 가까이까지 갔던 병을 이겨낸 이야기도 훌륭했지만 '아내와 여자'에 대한 이야기가 가장 감동적이었다. '아내는 여자 이상의 의미를 지닌 여자' 라는 말이 가슴에 뭉클 와 닿았다. 아내는 오직 한 사람의 여자이고, 어머니에 버금가는 여자인데 삶이 산산조각 나고, 목마르고, 배고플 때 물과 밥을 가져다주는 사람, 추울 때

말없이 이불을 덮어주는 사람이 아내라고 말할 때 청중들은 고요하게 숨을 죽였다. 시인의 말에 동감하지 않을 사람이 어디 있을까?

시인의 삶도 가난에 시달렸나보다. 따로국밥 한 그릇 마음 놓고 사먹지 못했다고 한다. 국밥 사먹을 돈은 없는데 이학식당 맛있는 국밥냄새가 발목을 잡아서 식당 앞을 피해서 다녔다는 시인 아내의 고백은 모든 사람을 숙연케 했다. 나태주 시인의 꿈은 밝고 따뜻하다. 삶에 대해 소박하고 아름답게 그의 마음을 표현한 글귀를 마지막으로 이 글을 마치고자 한다.

"내일도 오늘처럼, 날마다 이 세상 첫날처럼,
 저녁에는 이 세상 마지막 날처럼."

불재 **맘도예촌**에 다녀와서

오랫동안 별러서 임실 불재 맘도예촌에 다녀왔다. '물' 이병창
목사로부터 '양지'라는 필명을 받은 것에 대해 감사방문도 하고
교우들과 함께 직접 도자기체험을 하면서 쉼과 나눔도 갖고
싶었기 때문이다. 그러나 어디 그게 쉬운 일인가? 교우들이
모두 하루의 시간과 물질을 내서 특별한 체험을 한다는 것은
결코 쉬운 일이 아니다. 안타깝지만 일부가 누릴 수 있는
행복이다.

먼저 홈페이지에 광고를 내고 주보에 광고를 냈지만 지원자가
많지 않았다. 노회 홈에도 올려봤지만 묵묵부답이다. 주보가족
가운데 몇 분에게 전화를 해서 두 분의 지원자를 찾았다. 우리
홈 가족 하늘은혜와 미용봉사자 윤미자 집사이다. 그리고
이영미, 최광재, 문기숙 집사와 우리 내외까지 7명이 단출하게
출발했다.

무더위가 계속 되더니 비가 내린다. 교우들 가운데는 비가
오는데 가능하겠느냐고 전화하는 이도 있었다. 밥은 사 먹는
것이 쉽지만 삼겹살이라도 구어 먹자는 제안에 급히 준비를
서둘렀다. 비가 오는데도 밥을 해 먹는 것이 가능할까? 전화를
했더니 대답이 상큼하다.

"모든 시설이 완비되어 있습니다. 또 비가 오면 어떻습니까?
 구름 위에는 태양이 있는 걸 모릅니까?"

물 이병창 목사의 대답은 상당히 매력적이었다. 뭉클한 감동이
가슴에 전달되었다.

빗속을 뚫고 불재에 도착하니 차가 움직이지 않는다. 얼마
전 미션에 문제가 있는 것 같다고 하더니 고맙게도 목적지에
도착해서 문제가 발생했으니 다행이다. '물'과의 대화가
시작되었다. 편안한 천연염료로 염색한 옷을 입고 다가서는
이병창 목사는 꽤 도전적인 모습이다. 그러나 그의 목소리는
물처럼 깊고 따뜻하다. 그는 먼 길을 달려온 우리들에게
부드럽게 말했다.

"이곳 산속에 왔으니 편안히 있다 가십시오."

금강산도 식후경이라고 점심을 먹어야 한다. 밥을 하고, 고기를 굽고 밥 먹을 준비를 했다. 하늘은혜는 맛있는 김치를, 윤 집사는 상추에 향내 나는 취나물에 밑반찬까지 푸짐하다. 산 속 불재에서 먹는 밥은 향기로웠다. 고기 또한 목을 타고 달콤하게 넘어갔다.

불재는 전북 임실군 신덕면 신덕리 462에 위치한 경각산 해발 310m에 위치한 고개이다. 산 아래로 구이저수지가 보이는데 저수지 중앙에 소나무 몇 그루가 있는 조그마한 섬이 조화를 이룬다. 전형적인 산촌마을의 평화로운 풍경이 한 폭의 그림 같은 고갯마루에 불재 도예원이 있다. 진달래교회 이병창 목사가 대표로 있는 '맘살리기 자연학교'이기도 하다. 건물도 참 아름답고 찻집이자 전시장인 원형의 독특한 건물에는 이 목사의 일터와 아름다운 음악에 예쁜 찻집 여인도 있었다.

우선 작품들을 감상하는데 벌써 마음이 녹아내린다. 갖가지 모양의 도예작품들이 아주 마음에 들었다. 게다가 이름에 붙여 시 한 수를 건네주며 감동을 주는 이 목사님이 참 고마웠다.

주변을 살펴보니 도예작품실, 도자기를 굽는 가스열기구,
예배당이자 몸살리기 자연학교, 자연염색터, 야외공연장으로
이어지는 새 예배당 터, 공동체들이 들어 설 자리 등 무척 큰
규모이다.

불재 도예원은 둥근 보름달 축제, 자연학교, 몸살리기 등
다양한 프로그램을 실시하고 있다. 특히 도자기 체험은 가족,
청소년, 각 학교 시험을 마친 고 3생들을 대상으로 아주 좋은
프로그램이었다.

점심을 먹고 나서 난생 처음 부드러운 흙을 만지는
도자기체험은 신비로웠다.

사람의 느낌,
나무의 향,
비 맞으며 걷던 산기슭의 정취,
미립자 흙덩이의 촉감,
연차의 은은한 향,
물의 높낮이 없는 부드러운 음색,
투박하지만 웃음을 담고 있는 황토소녀들,
모든 게 새롭고 또한 긴 여운을 남게 해주는 하루였다.

배추 이야기

요즘 뉴스의 초점은 채소 값에 모아져 있다. 한 포기에 만
원이 넘어간 적이 없었는데 최근 배추는 귀한 대접을 받으며
금추라는 말이 생겼다. 농민들은 매년 농협과 계약재배를
하지만 출하시기가 되면 배추 값 폭락으로 농협이 수확을
포기하는 경우가 종종 있었다. 배추는 우리 식생활에 빠져서는
안 될 중요한 먹거리 중 하나이지만, 그동안 언론은 배추 값
폭락으로 농민들의 한숨이 깊어질 때 '배추 작황이 좋아서 배추
값이 폭락하여 농민들의 시름이 깊어지고 있다'는 단 한 줄
내지는 단 한 마디 방송하면 끝이었다. 그런데 요즘 언론들은
앞을 다투어 배추에 대한 보도를 쏟아내고 있다. 김장철이
다가오고 있는데 배추 값은 안정이 안 되었고, 아직도 한
포기에 오천 원을 호가하고 있다는 등 뉴스를 보면 걱정거리가
이만 저만이 아니다.

배추 값의 폭등은 날씨와 4대강 사업으로 경작지가 줄었기

때문이라는 등 온갖 억측이 난무하는 가운데 급기야
여당대표가 국민들에게 죄송하다는 사과까지 했다. 이쯤 되면
배추가 정치에 입문한 것으로 보이는 진풍경이 나타나고 있는
셈이다. 사실 배추 한 포기 키워내는데 농부들이 쏟는 정성을
감안한다면 배추 값은 한 포기에 만 원이 넘는다고 해도 결코
비싼 것이 아니다.

요즘은 옛날과 달리 한 가정에 20~30포기 정도 김장을 한다.
그러면 배추 값이 얼마나 되겠는가? 한겨울 내내 먹는 중요한
김치를 마련하는 비용치고는 결코 비싸지 않다. 중산층 네
식구가 한두 번 외식하는 비용에도 못 미친다. 그런데 그런
것을 가지고 무슨 천재지변이라도 일어난 것처럼 나라 전체가
온통 난리를 치는 한심한 꼴을 보이고, 언론들은 날마다 배추
값으로 뉴스를 도배한다. 심지어는 중국산을 급히 수입한다는
보도까지 나오는데 이참에 배추농사 짓는 농부님들 한 몫
단단히 챙겨드리면 어떨까?

선진국일수록 땀 흘려 일하는 노동자들과 농민들을 귀하게
여기고 존중해 주는데 어찌된 셈인지 우리나라는 노동을
천하게 여기고, 농부들의 그 귀한 수고에 대해 정당한

값을 치룰 줄 모른다. 쌀 한 톨을 생산하고, 배추 한 포기 키워내는데 뿌려지는 농부의 땀방울이 얼마나 많은지 아는 사람들이 절대적으로 적은 우리나라는 후진국이 분명하다. 말로만 선진국이라고 떠들어대지 말자. 산업의 최 일선에서 이름도 없이 묵묵히 땀 흘리며 우리나라의 기초를 다지고 있는 노동자들의 수고와 가치를 인정하지 않는 나라는 결코 선진국이 될 수 없다. '거룩한 직업'이라는 표현조차 부족한 농민들이 있기에 우리의 생명이 지탱되고 있음을 우리는 인정해야 한다. 그래서 농부들이 땀 흘려 가꾼 농산물에 대해 나라는 반드시 책임지는 정책을 마련해야 한다. 배추 값의 교훈을 통해 농부의 수고를 깨닫고, 농부에게 감사하는 마음으로 한 해를 보내면 좋겠다.

슬프고 아픈 **세월**

　세월호 참사(2014. 4. 16)가 난 지 5개월이 되었지만 아직
충격에서 벗어나지 못하고 있다. 여전히 충격이고, 여전히
아프다. 세월호 배 안에 남았던 전원이 사망한, 도저히 일어날
수도, 일어나서도 안 되는 일이 경제대국 대한민국에서
일어났다. 외신들은 세월호 침몰 사건을 한국사태(Korean
Crisis)라고 부른다. 단순한 해난사고가 아니라 사고와 구조
활동, 그 두 가지 진행 과정에서 벌어진 믿을 수 없는 비행과
무능이 인류가 오랜 세월동안 쌓아 온 가치 체계와 시스템에
대한 신뢰에 타격을 가하고 있기 때문이다. 카타르 도하에
본부를 두고 있는 알자지라방송은 한국을 가리켜 '리더십이
실종된 나라'라고 하였다. 외신들은 사고 초기 약 두 시간이나
되는 탈출 및 구조 기회를 놓친 이유가 무엇인지 도저히
이해할 수 없다는 반응을 보였다. 어디 외신뿐인가? 국민들도
한결같이 말한다.

"믿을 수 없는 일이다."

"말할 수 없이 안타깝고 끔찍한 일이다."

"도저히 그냥 덮고 넘어갈 일이 아니다."

"참사 원인과 구조 과정을 낱낱이 밝혀서 다시는 그런 일이
 일어나지 않도록 해야 한다."

"정부는 왜 그렇게 무능한가?"

어른들은 대부분 구조되고 아이들은 대부분 구조되지 못했다.
이 엄청난 일을 무슨 말로 정당화 할 것인가? 슬픈 현실이다.
세월호 운항직 승무원 15명 전원이 사고가 나자마자 탈출해서
모두 살았다. 승무원들은 두 시간 이상 주어진 골든타임 동안
해난사고 매뉴얼을 지키지 않았고, 자신의 목숨을 보존하는
일에만 급했다. 어디 그뿐인가? 선장은 선장이 아닌 척
팬티차림으로 가장 먼저 배를 버리고 탈출하였다. 죽음의
위기에 닥치면 아무도 장담할 수 없는 급박한 상황이었을
것이다. 그러나 자기 배 안에는 무려 470여 명의 소중한 생명이

있었다.

선장이 구호소에서 담요로 몸을 따뜻하게 감싸며 물에 젖은
5만 원 짜리 지폐를 말리는 동안 부모들은 자기 자식의 생사를
몰라 차가운 바닥에서 무서워 떨며 피눈물을 흘리고 있는데,
교육부장관은 그 아픈 모습을 아랑곳없이 팔걸이의자에 떡하니
앉아 컵라면을 먹었다. 안전행정부 국장급 감사관은 사망자
명단이 걸려있는 상황실 앞에서 기념촬영을 하다 실종자
가족들에게 봉변을 당했다.

'아, 선장이 퇴선명령만 했더라면........'

부끄럽다. 두렵다. 위계질서, 순종, 인내, 어른 존중, 이제
다 무시하는 세상이 오지 않겠는가? 이제 우리의 아이들이
어른들의 말은 무시해야 산다고 말하지 않겠는가?

"오, 주여! 우리를 불쌍히 여기소서. 생존자 가족들, 실종자
　가족들을 위로하소서. 위기를 맞은 한국교회와 대한민국을
　불쌍히 여기소서."

근간에 학생들의 사고가 많았다. 작년 7월 우리 지역에서는 해병대 캠프 해난사고로 고등학교 학생 5명이 아까운 생명을 잃었다. 이 나라 지도자들이 문상하면서 재발방지에 노력하여 다시는 이런 사고가 나지 않도록 노력하겠다고 큰소리쳤다. 경북 경주시 마우나오션리조트 체육관 붕괴사고도 일어났다. 그곳에서 신입생 환영회 행사를 진행 중이던 부산외국어대학교 학생 9명과 이벤트업체 직원 1명, 총 10명이 사망하고 많은 이들이 다치는 대형사고가 발생하였다. 또 일어난 엄청난 사고, 세월호 참사는 정부의 무능과 부패를 다시 확인하는 끔찍한 사고이다. 말 잘 듣는 학생들을 죽이는 나라, 사고가 날 때마다 재발 방지와 동일한 사고가 나지 않도록 하겠다고 해당 공무원들은 입을 모으지만 학생들이 죽어 가는데, 학생들을 살릴 수 있었는데도 이 나라 정부는 학생들을 살리지 않았다.

문제는 이 사회의 시스템이다. 총체적인 부정, 악순환의 연결고리가 문제이다. 이번에도 해운업계에서부터 정부 관련 부서까지, 해양경찰부터 권력기관까지 연결되지 않은 게 없고, 부정이 없는 곳이 없다. 경제 살리기에만 급급했지 양심, 도덕, 윤리가 땅에 떨어져 있었다.

세월호 사건에서 우리를 가장 참담하게 만드는 것은, 모든 문제에도 불구하고 우선 당장 위기에 처해 있는 이들을 구해야 할 정부가 아무 것도 하지 않았다는 사실이다. 결국 아깝고 고귀한 생명들이 죽어갔다, 그리고 지금도 계속되고 있는 관계 당국 간의 책임 전가와 자기변명의 태도는 정말 가관이다. 국정의 최고책임자가 관계자들을 질책할 뿐 최고책임자답게 관계 당국 간의 혼선을 조정하고 긴급한 조난 대책을 위한 조처는 실질적으로 취하지 않아 혼선을 더욱 부추겼다. 선장과 승무원들에게 모든 책임을 떠넘기려 할 뿐 마땅히 정부로서, 국정최고책임자로서 취해야 할 실질적 조처는 취하지도 않은 채 떠도는 의혹의 소문을 잠재우려 엄포를 놓고 전문가들의 발언마저 금지시키는 사태를 어떻게 이해하고 어떻게 납득하란 말인가? 책임자들이 그렇게 책임을 회피하고 있을 때, 이미 영혼이 떠난 시신 하나는 잠수부가 갔어도 몸이 퉁퉁 불어 틈을 빠져 나오지 못하자 잠수부가 시신을 잡고 말했다지.

"얘야, 올라가자. 엄마 보러 가자. 얘야, 뭍으로 가자. 아빠 보러 가자."

그러자 빠져나오지 않던 시신이 스르르 빠져 나왔다고 한다.

아, 죽어서도 그들은 엄마가 보고 싶었고, 아빠가 보고 싶은
한없이 가여운 우리의 아이들이었다. 아이들은 그 차가운
바닷물 속에서 얼마나 두려웠을까? 물들이 자꾸 들어와 목을
조일 때 얼마나 무서웠을까? 얼마나 간절히 엄마를 부르고
아빠를 불렀을까?

세계에서 가장 짧은 기간에 산업화를 이룩하고 마침내
선진국의 대열에 들어섰다고 자처하는 이 나라의 실상이 바로
세월호 사건 안에 응축되어 있다. 생명의 안위는 뒷전에 밀리고
오직 자본의 이윤 확대와 그에 따른 경제 규모의 성장만을
최고의 가치로 여기며 달려왔던 이 나라의 추악한 모습이다.
평범한 사람들의 안전한 삶을 보장하는 제도도 미흡하고,
게다가 운영하는 이들의 책임의식마저 희박하다. 총체적으로
윤리의식이 실종된 이 나라의 실상이다. 한국적 근대화의
총체적 실패를 보여주는 사태라 아니할 수 없다.

우리가 그 실상을 직시하고 그 대안을 찾아 나서려는 노력을
시도하지 않는 한 우리 사회에는 그 엄청난 재난이 끊임없이
이어질 수밖에 없을 것이다. 우리는 이미 연속된 재난에
익숙해져 있다. 그간 수많은 재난들이 이어졌고, 그때마다

유사한 상황이 되풀이되는 것을 수없이 경험하였다. 이렇게 같은 사태가 반복되는 것은 이 나라에서 대오각성이 일어나지 않았다는 증거이다. 대안은 오직 하나다. 모두가 제자리로 돌아가는 것이다. 기초부터 원칙으로 새 판 짜기를 하는 것이다. 책임 있고 능력 있는 국정지도자와 공직자, 정직하고 공정한 언론, 생명을 우선시하는 자본의 깨끗한 경제, 준법과 도덕, 양심 있는 사회건설로 대한민국이 기초부터 거듭나야만 한다.

안산에 있는 세월호 희생자 분향소를 찾았을 때, 안산 분들은 분향소에 가기를 주저한다는 이야기를 들었다. 왜 아니 그렇겠는가? 그 끔찍한 고통을 어찌 견디겠는가?

분향소로 가는 길은 쓸쓸했다. 곳곳에 문을 닫은 가게들이 눈에 띄었고, 횡단보도에 서서 지방선거 후보자 홍보에 한창인 봉사자들은 아무도 입을 열지 않았다. 침묵하는 도시 안산, 가방을 멘 학생들만 봐도 슬퍼지는 안산시 단원구다. 아파트 단지마다 희생자를 애도하는 펼침막이 걸려있고, 빛바랜 '학생들의 무사기원' 현수막이 바람에 나부끼고 있지만 전원 사망이다.

화랑공원에 당도하여 분향소를 찾으니 노란 리본이 길게
엮어져 타지에서 온 사람들의 발걸음을 분향소로 인도했다.
분향소로 들어서는 순간, 숨이 멎는 듯하다. 분향소를 가득
채운 얼굴들, 이렇게 많은 영정을 본 일이 없고, 이렇게 어린
학생들의 영정을 본 적도 없다. 충격이 밀려온다. 영정속의
아이들이 말을 걸어오는 듯 눈앞이 뿌옇게 흐려졌다.

"얘들아! 아, 정말 어쩌면 좋으냐?"

슬픔과 아픔이 강물처럼 가슴에 밀려와 도저히 눈물을
참을 수가 없었다. 안내에 따라 국화꽃 한 송이를 손에 쥐고
기도하면서 아이들을 조문했다. 희생자들의 가족들은 아이들이
좋아하던 간식과 인형을 가져다 놓았다. 가족과 친구들이 남긴
사연도 가득했다.

"애들아 잘 있는 거지? 조금만 놀면서 기다려. 우리 곧 볼
거야. 사랑해. 진짜 사랑한다." (선부동성당 선생님)

"날이 갈수록 보고 싶고, 안아주고 싶고, 뽀뽀해 주고 싶고,
만져보고 싶다. 사랑해 아들!" (아빠가)

"아들아, 딸들아, 얼마나 외로우니? 이생에서는 못다 한 것

이제 천국에서 다시 만나 이야기하자."

(인천 마전교회 김유숙 권사)

"○○야 잘 있지? 엄마는 우리 아들 ○○가 엄마

아들이었다는 거, 너무너무 행복하고 감사해. 엄마는 평생 울

아들 잊지 않을 거야. 사랑해. 행복해야 돼." **(엄마)**

"○○아 잘 지내고 있지? 너무 보고 싶다. 너 좋아하는 녹차

사왔어. 맛있는 거 한 번 못 사줘서 미안해. 그리고 사랑해."

(너의 언니가)

"아쉽고 안타깝다. 이젠 어디서 너를 만날까. 그립다. 아빠에게

다정하게 인사하고 소곤대던 너의 모습이 너무 그립다. 딸아"

(아빠)

"이 사회 그냥 두고 보실 겁니까? 다음에는 당신 아이 차례일

수 있습니다. 그냥 두고 보시겠습니까? 모두 함께 해주세요.

진상규명해서 사회를 바꿔야 합니다."

(2학년5반 박○○ 어머님 호소문 中)

"○○야, 그래도 다음 세상에도 아빠 아들로 태어날 거지?"
(아빠가)

"○야, 우리 아기! 누나가 왔어. 오늘 누나 생일인 거 알지?
생일선물로 꿈에 한번만 나와 주면 안 될까?" (누나가)

영정들 사이사이에는 편지, 메모들과 함께 아이들이 좋아하던
과자와 물건, 태권도 검은 띠, 추억사진 등이 놓여 있었다.
조끼를 친구에게 주면서 탈출을 도왔던 정차웅 군과 갑판까지
올라와 살 수 있었는데 친구들이 있는 선실로 들어가 주검으로
나온 양온유 양의 영정 앞에서는 잠시 더 머물렀다.

양온유, 너무도 예쁜 아이다. 아버지가 교회 관리집사였다고
하니 넉넉하지 않은 살림이었을 것이다. 피아노를 배운 적이
없지만, 독학으로 피아노를 배워서 새벽기도회 때 반주를 했던
총명하고 다정다감했던 아이, 스스로 용돈을 벌고 십일조를
했던 아이, 서울대학교를 지망할 만큼 공부도 잘했다고 한다.
2학년 때는 반장에 출마했다가 친구가 출마하는 것을 알고
친구에게 양보하느라 출마를 포기할 만큼 친구를 사랑하는
아이였다고 한다. 온유는 얼마나 사랑스러웠을까? 온유의

아버지가 말한다. 온유는 친구들을 두고 혼자 살아올 아이가

아니라고. 온유가 갑판에 나왔다가 배 안에 갇힌 친구들을

부르러 간 것은 당연한 일이라고. 온유, 그 아이가 살았다면 이

세상이 얼마나 더 아름답게 반짝거릴까? 아, 그동안 세상에

빛이 가득했던 것은 온유와 같은 아이가 있었기 때문이었구나.

온유, 그 아이 영정을 바라보고 있으니 눈물이 멈추어지지

않는다. 그렇게 한참을 서서 울었다.

폭우 피해를 통한 교훈

수도권 지역에 아주 많은 비가 내렸다. 산사태가 나고,
도로와 주택이 침수되는 등 피해가 크다. 인명피해도 크다.
60여 명이 사망하고 10여 명이 실종되는 아주 큰 피해를
입었다. 특히 강원도 춘천은 산사태로 인해 젊은 대학생들이
희생되었다. 서울 서초구 우면동 산사태로 인한 피해도
아주 컸다. 서초(瑞草)는 서리 풀을, 우면(牛眠)은 소가 잠을
잔다는 뜻이다. 푸른 초장에 소가 편하게 잠잘 정도로 쾌적한
곳이요, 부자동네로 알고 있었는데 이런 일이 생기리라고
누가 짐작이나 했겠는가? 120세대 중 절반이 토사로 인해
고립된 형촌 마을에서는 구학서 신세계 회장의 부인 양명숙
씨(63)가 자택 지하실에 물이 찬 것을 확인하러 내려갔다가
빠져나오지 못하고 숨졌다. 양씨는 모 교회 권사로 대기업 회장
부인이라는 사실을 알리지 않고 조용하고 겸손하게 성가대원과
봉사자로 교회를 섬기는 분이었다고 한다. 외부에 절대 티를
내지 않고 평범한 서민처럼 검소한 삶을 살았고, 사회복지학을

전공한 고인은 감리회 태화복지재단과 남서울은혜교회 부설 밀알학교에서 봉사활동을 펼쳐온 신실한 신자였다고 하니 더욱 안타깝다. 유족들에게 큰 위로와 이재민들에게 재기의 용기와 희망을 기도한다.

시간당 퍼붓는 폭우도 문제였지만, 자연을 무시하고 편리와 아름다움과 인간위주로 생각하는 난개발과 자연파괴가 더 큰 문제이다. 창세기 말씀처럼 인간은 자연을 이용하고 지배하는 삶이 아니라 더불어 살아야 한다. 하나님의 창조 순서에 따르면 자연은 인간의 선배인데 소유 개념만 강조하며 지배와 억압을 일삼으니 자연의 무서운 보복을 당했다고도 볼 수 있다.

하나님께서는 자연지형을 친히 설계하셔서 수 천 년 동안 문제없이 자연과 인간이 공생할 수 있도록 하셨다. 그런데 4대강 사업과 같이 강을 파괴하고, 도시건설 및 재개발 등으로 도시 전체가 아스팔트와 콘크리트로 포장을 해 놓았으니 비가 오면 숨을 곳이 없어 금방 큰물이 되어 자연을 파괴한 인간을 위협하는 것이다.

104년만의 물난리가 아니더라도 한반도는 이미 지구온난화의 가속화로 기후변화가 현실로 다가왔다. 그러나 지금 우리에게는 대처능력이 없다. 특별히 이번 폭우는 장마도 끝난 시기에 태풍도 동반하지 않고 엄청난 강우량을 기록했다. 기상청은 대기의 불안정이 주요 원인으로 관측 된다고 발표하였고, 이러한 대기 불안정은 여름 장마철이 아닌 시기에도 생길 수 있다고 했다. 결국 과다한 온실가스 배출량에 따른 지구온난화 가속화와 기후변화가 직접적인 영향을 준 것이다.

자연 앞에 겸손해야 한다. 자연을 귀하게 여기고, 자연 그대로를 살려내야 한다. 하나님이 주신 지구를 잘 보존하고 창조섭리를 따라 자연과 인간이 함께 살 수 있는 길을 찾지 않으면 이 땅에 재앙이 거듭될 것이다. 내가 그 재앙을 직접 당하지 않았다고 내 일이 아니라고 생각해서는 안 된다. 자연이 죽고, 다른 사람들이 죽어간다면 그것은 결국 내가 죽는 일이 아닌가. 가장 아름답고 가장 적절하게 지으신 창조주 하나님을 예배하며, 자연과 더불어 사는 삶을 소망한다.

구제역 축산재앙을 어떻게 볼 것인가?

"하나님이 말씀하시기를 '땅은 생물을 그 종류대로 내어라.
집짐승과 기어 다니는 것과 들짐승을 그 종류대로 내어라'
하시니 그대로 되었다. 하나님이 들짐승을 그 종류대로,
집짐승도 그 종류대로, 들에 사는 모든 길짐승도 그 종류대로
만드셨다. 하나님 보시기에 좋았다"(창 1:24-25).

구제역이 발생할 때마다 엄청난 수의 가축이 죽임을 당한다.
방역의 신속성과 효율성이라는 명분으로 원칙에 어긋나는
생매장도 횡행한다. 이 사태를 기독교인은 어떻게 바라보아야
할 것인가? 사상 초유의 구제역 사태로 살처분 된 동물들이
인간을 향해 말을 할 수 있다면 어떤 이야기를 할까? 구제역에
걸리지 않았는데도 인근에 감염 동물이 있다는 이유로 덩달아
생매장되고, 비교적 치사율이 낮은 질병임에도 전파력과
상품성을 이유로 모조리 살처분 되는 상황에서 아마 이런
종류의 이야기를 하지 않을까?

"이것은 동물 홀로코스트다."

구제역(口蹄疫)은 소·돼지 등 발굽이 둘로 갈라진 우제류에
걸리는 1급 가축전염병이다. 치사율은 성체(成體)의 경우
5~10%에 불과해 낮은 편이고 사람에게 감염될 가능성도 없다.

축산이 지금처럼 산업화되기 전까지 구제역은 그렇게 무서운
병이 아니었다. 구제역이 처음 발생한 영국에선 "따뜻한 죽과
부드러운 건초를 먹이고, 쓰라린 상처를 핥지 않도록 발굽에
타르를 발라주며 제대로 돌보기만 하면 보름 안에 완치되는
병"(<대혼란> 앤드루 니키포룩 지음, 알마 펴냄)이란 기록도
있다. 그러나 축산에 자본의 논리가 개입되면서 이야기가
달라졌다. 영국은 1871년 정치적·경제적·통상적 이익이
얽히고설킨 상황에서 구제역을 '신고 의무 질병'으로 정했고,
1940년대부터는 잔혹한 살처분 정책을 실시했다. 그 뒤 세계
축산산업의 덩치가 커지고 자유무역의 시대까지 열리며
살처분의 규모도 커졌다. 세계적인 양돈 수출 국가였던 대만은
1997년 돼지 400만 마리를, 한 차례 광우병 파동을 겪었던
영국은 2001년에 600만 마리의 소와 돼지를 살 처분했다. 이
사태로 자살한 축산업자도 60명에 달했다.

치사율도 낮고 인간에게 위해가 없는 질병임에도, 구제역
발생 즉시 동물을 죽이는 까닭은 '상품성' 때문이다. 감기처럼
마땅한 치료제가 없고, 일단 감염되면 우유 생산량이 급감하고
일반소의 경우 체중이 감소해 상품성이 떨어지게 된다. 인간의
육식을 위해 태어나 판매를 목적으로 사육된 가축에게,
구제역은 단순한 질병이 아닌 '죽음'이 될 수밖에 없는
까닭이다.

이에 한국기독교교회협의회(NCCK)가 서울 연지동
기독교회관에서 개최한 '구제역에 대한 한국교회의 대응'
토론회에서 참석자들은 하나님과 자연과 생명에 분명한 '죄'를
짓고 있음을 깨닫고 회개해야 한다는 데 의견을 모았다. 이번
사태는 단기적으로 보면 전염병의 문제지만 장기적으로 보면
자본집약적 축산업이 필연적으로 몰고 올 수밖에 없는 불행한
귀결이다. 동물의 본성에 맞지 않는 좁은 공간에 많은 수를
가둬서 키우기 때문에 동물들은 만성적으로 면역력이 적고
전염에 취약하게 된 것이다.

하나님께서는 인간을 창조하기 전에 동물을 먼저 창조하셨고,

그들이 뛰어놀고 먹고 부대끼며 본성대로 살아가는 모습을 보고 기뻐하셨다. 그런데 과연 태어나자마자 송곳니가 잘리고, 거세당하고, 오로지 고기를 생산하기 위해 사육당하는 동물들을 하나님이 기뻐하시겠는가? 창세기 '노아의 방주' 대목에서 홍수가 끝난 후 하나님이 주신 언약은 사람뿐 아니라 살아 숨 쉬는 모든 생물, 곧 노아와 함께 방주에서 나온 새와 집짐승과 모든 들짐승에게도 주신 약속이다. 하나님께서 지켜주시기로 언약한 뭇 생명에게 고통을 가하고, 대량 살육하는 작금의 행위는 하나님께 반역하는 범죄다.

하나님이 사람에게 "땅을 정복하고 모든 생물을 다스리라"(창 1:28)고 명령하신 것을 사람들이 '자연을 마음대로 다룰 권리'로 이해하는 것은 아주 큰 잘못이다. 이런 해석이 동물을 학대하고, 환경을 오염시키는 원인이 되었다. 생태신학자들은 '다스린다'는 의미를 함부로 고통을 가하거나 목숨을 빼앗아도 된다는 의미가 아니라 동산을 돌보는 청지기나 양떼를 돌보는 목자의 역할로 해석한다. 창세기 2장 19절에서 아담이 동물 하나하나에게 이름을 붙여주는 순간 동물은 그저 인간에게 고기와 가죽을 제공하는 존재가 아니라 함께 살아가는 존재,

의미 있는 존재가 되었다. 지금 우리는 그런 동물들에게 합당한 대접을 하고 있는지 되돌아보아야 한다.

구제역과 조류인플루엔자, 광우병 등 가축 질병들은 하나님의 분명한 경고이다. 또한 지구가 극한 통증을 보내는 신호이기도 하다. 지금 이 땅은 가축 매몰지의 침출수로 인해 지하수가 오염되고 있으며, 질소오염 물질과 병원성 미생물 항생제, 소독약 등으로 인한 오염이 계속 확대되고 있다.

기독교인은 식사기도 시간만이라도 다른 생명을 취하기 전에 하나님께서 동식물에게 부여하신 생명의 의미를 새기고 기념해야 한다. 하나님께서 창조하신 인간과 동물과 식물, 나아가 무생물인 지구환경까지도 모두가 같은 피조물이며 하나로 연결되어 있음을 알아야 한다. 냉장고가 필요 없는 삶, 자연스러운 먹을거리를 필요한 만큼만 취해서 먹는 삶을 지향하면 모든 환경의 문제들이 자연스럽게 해소될 수 있다. 기독교환경운동연대에서는 건강한 먹을거리를 구해서 먹고, 음식물을 남기지 않는 '생명밥상 빈 그릇 운동'에 동참해 줄 것을 교회들에게 제안했다. 또한 육식을 줄이고, 음식을 탐하는 습관을 바꾸는 절제 운동을 개 교회가 나서서 벌여야만 한다.
피해를 입은 축산 농가들을 위해 기도하고 실질적인 도움을
주는 데도 한국교회가 나서야 하겠다.

강원기행

무덥고 지루한 여름이다. 그러나 휴가라는 달콤한 기다림과
희망이 있다. 마침 8월 27일 주간에 '기아대책 전국 이사
세미나'와 대학 동기모임이 강원도 속초와 양양에서 있었다.
그래서 휴가를 세미나에 맞춰 설악산 대청봉에 오를 계획을
세웠다. 그러나 두 차례의 태풍 속에서 큰 산은 호락호락하지
않다는 걸 새삼 느끼었다. 설악산에는 몇 번 갔지만 주봉인
대청봉은 아직 한 번도 오르지 못했다.

고속도로를 달리다가 진부에서 일반도로로 대려서서 해발
900m 진고개를 넘었다. 생각지 않은 오대산 소금강, 수청동
계곡을 끼고 있는 강릉 마암터 마을을 지나게 되었다.
오대산에서 발원하는 소금강 계곡과 수청동 계곡의 옥수가
휘돌며 수많은 소와 폭포를 이루고 있는 무척 아름다운
마을인데 마침 안개와 이슬비가 내려 더욱 신비로운
풍광이었다.

38선 휴게소에 들러 쉬면서 잠시 미니 주제체험관을
둘러보았는데, 전쟁과 평화에 대해 많은 생각을 하게 하였다.
먼저 속초실내체육관을 찾아 28일까지 열리는 '제9회 기아대책
전국 이사 세미나'에 참가했다. 여러 강사들의 강의, 선교사들의
특강 및 선교보고 등이 있었고, 기아대책 찬양팀의 찬양과
공주팀과의 만남도 있었다. 밤에는 양양읍 조산리 소재
에어포트 콘도에서 모이는 대학 동기모임으로 자리를 옮겼다.
많이 모이지 않았지만 반가운 얼굴들이다. 도착예배에 이어서
밤새 살아 온 이야기로 꽃을 피웠다.

28일에는 새벽기도회에 설교하고 고성통일전망대를 찾았다.
출입신고소에서 신고한 후 우리 차량으로 군검문소를 통과한

후 찾은 고성군 현내면 명호리 소재 전망대는 관광명소였다.
금강산 열차식당이 있고 전망대 옆에는 교회가 있었다,
교회당에 들어가 잠깐 기도하고, 전망대에서도 북한지역
금강산과 해금강을 바라보며 평화와 통일을 위해 기도하였다.
주차장 옆에는 6.25 전쟁체험관이 있었다. 사진으로 보는
6.25, 영상체험실, 병기전시실, 전투체험관, 병영체험실 등과
UN참전국 소개의 장도 있어서 전쟁의 아픔과 고통을 느끼면서
평화의 소중함을 일깨웠다.

다음은 DMZ 박물관, 강원도 고성군 현내면 통일전망대로
369에 위치. 평화와 생명의 땅이라지만 비극적인 한국전쟁의
산물로 무려 60여 년 간이나 한반도와 우리 민족에게 분단과
이산의 고통을 주어왔던 비무장지대. 박물관은 2009년
광복절에 열었다고 한다. 아주 큰 규모로 다양한 전시물이
있었다.

태풍으로 인하여 비가 많이 오는 가운데 화진포를 찾았다.
화진포에는 화진포해수욕장, 화진포해양박물관이 있었고,
72만평이나 되는 넓고 아름다운 화진포 호수 주변에는
별장이 여럿 있었다. 이승만 대통령 별장과 기념관,

역사안보전시관으로 사용 중인 김일성 별장, 이기붕 부통령
별장 등이다. 또 가까운 곳에 금강산자연사박물관도 있었는데,
별장 두 곳을 둘러보았다.

먼저 이승만 대통령 별장과 기념관을 찾아서 자세한 연보와
특히 영부인 프란체스카 여사가 어떤 사람인지를 알게 되었다.
그녀는 오스트리아의 유복한 사업가의 딸로 태어나 33세 때
제네바에서 58세의 동양인 이승만을 만나 사랑하게 되었다고
한다. 프란체스카는 영어와 불어에 능했고, 속기와 타자에도
능숙하여 독립운동과 건국 시절 비서로 매우 헌신적이었다고
한다.

다음에 찾은 '화진포의 성'은 본래 셔우드홀 선교사 부부가
1938년 독일로 망명한 건축가 베버s의 손을 빌어 건축했다고
한다. 1948년 8월 김일성과 김정숙, 그리고 아들 김정일과
딸 김경희가 별장으로 이용하였던 적이 있어서 '김일성
별장'이라고 불리기도 하는데 현재는 역사안보 전시관으로
사용 중인 곳이다.

바로 옆에 이기붕 부통령 별장도 있었는데 보고 싶지 않다는
일행의 의견이 있어서 그냥 지나치게 되었다. 만약 이기붕이
우리나라 역사에 좋은 일을 남겼다면 그의 체취를 느끼고
싶어서 당연히 들어가 보았을 것이다. 그러나 이기붕은
우리나라 역사를 퇴행시킨 장본인이다. 이 땅을 거짓이
난무하는 땅으로 만들었고, 많은 사람들의 피를 흘리게 한
장본인이 아닌가? 그러니 그가 잠시 화려한 시간을 보냈던
장소는 찾고 싶지 않은 것은 당연한 일이다.

밤에는 다시 특강이 이어지고 29일 새벽에는 멋진 동해의
일출과 함께 해변기도회를 가졌고, 오전에는 한계령 근처 오색
주전골을 찾았다. '오색'이라는 지명은 주전골의 암반이 다섯
가지 빛을 발하고 봄이면 다섯 가지 색의 꽃이 피는 나무가
있다하여 붙여졌다고 한다. 그리고 주전골이란 주전바위가
있어서 붙여진 이름인데, 주전(鑄錢), 산적들이 엽전을 만들던
곳이라는 이야기와 함께 엽전을 쌓아놓은 것 같은 바위도
있었다. 여름산행이지만 경관이 너무 아름다워 저절로 탄성이
쏟아졌다. 참석자들 모두가 하나님의 솜씨 앞에 대만족이었다.
더욱이 여행에서는 잘 먹어야 하는데, 산채정식을 맛있게 먹은
후, 동기들과 헤어졌다.

아내와 함께 근처 오색령(한계령)을 찾았다가 산행이
막혀있어서 대신 백담사에 가려고 주차장까지 갔는데
태풍으로 국립공원이 폐쇄되어 문화재 관람도 하지 못했다.
근처에 십이선녀탕이 있다하여 찾아갔으나 역시 국립공원
관리자로부터 입산금지 당하여 아쉬움을 안고 만해마을을
찾았다. 만해마을은 만해 한용운의 기념관으로 문인들의
공간이다. 만해는 한국문학사에서 대표적인 시인이자 불교의
대선사이시다. 그는 민족운동가로 일제 강점기 암흑시대에
겨레의 가슴에 민족혼을 불어 넣어준 위대한 인물이다.
만해마을은 만해선생의 문학성과 자유사상, 진보사상,
민족사상을 높이 기리고 선양하기 위한 실천의 장으로
설립되었다고 한다. 문인의 집에서는 마침 '문인 시·서·화
소장전'이 열려 우리지역 나태주 시인의 시화도 반갑게 만났다.

차회장이 마련해 준 콘도에서 다시 1박을 하고 30일 새벽을
맞았다. 비가 내린다. 설악산은 비가 내려도 웅장하고 아름답다.
태풍 '덴빈'은 설악산에 장대비를 내리쏟으며 그 위용을 더욱
장대하게 만든다. 비록 설악산은 오르지 못했지만 행복하고
의미가 큰 휴가였다, 또한 아름다운 여행이었다.

집에 돌아와 짐을 정리하는데 벌써 내년
여름휴가가 기다려진다.

금강산에 다녀와서

오래전부터 준비하여 금강산 휴가를 떠났다. 예정된
휴가지만 늘 허덕이며 살아가는 교우들을 생각하면 마음이
내키지 않았다. 하지만 성도들의 뜨거운 기도와 성원 속에
여행은 순조롭게 진행되었다. 신청할 때는 정몽헌 회장의
갑작스런 죽음과 함께 여행이 일시 중단되는 등 여러 가지로
불투명했었는데 오히려 가장 좋은 코스를 만나게 되었다.
9월 1일부터 육로관광이 시작되었는데 우리는 속초항에서
출발하여 해로로 갔다가 육로로 돌아오는 최초, 최고의 코스가
되었다.

여기서 잠시 도올 김용옥의 관광론(觀光論)을 나누고 싶다.
관광이란 빛(光)을 보는(觀) 것이다. 빛이란 무엇인가? 그것은
우리의 삶의 비전이요 희망이다. 따라서 관광은 사람들에게
비전과 희망의 빛을 던져주는 것이다. 21세기는 관광의
세기이다. 관광이 단순히 골동품을 보는 것이 아니라 인간의
손이 가지 않은 천연 그대로의 자연과 함께 역사 문화체험이다.

9. 3 (수) **금강산 가는 바닷길**

여행은 3일부터지만 2일 오후 세 쌍의 목회자 부부와 함께
우리는 여유롭게 속초를 향하여 길을 떠났다. 흐린 날씨였지만
시원해서 좋았고, 휴가이기에 가다가 피곤하면 쉬면서 천안-
안성-일죽-강릉을 거쳐 낙산에 이르렀다. 바닷가에 자리한
프레야 콘도에서 하루를 쉬었다. 휴가철이 지났기에 이용료도
저렴했다.

아침 일찍 동해 일출을 기대하고 바닷가에 나갔지만 구름이
해를 보여주지 않아서 아쉬웠다. 아름다운 바다를 바라보며
속초항에 이르렀다. 여행 수속을 마치고 일행은 가정식 백반
집에서 맛깔스런 점심을 먹었다.

오후 2시 금강산행 설봉호에 몸을 싣고 출발하였다. 배
안에서는 북측에 들어가기 위한 보안교육과 안전교육이
있었다. 핸드폰과 배터리도 수거하였다. 경북대학교 학생들
160여 명이 함께하여 시끌벅적한데도 여행이 주는 설렘보다는
무거움이 우리를 짓눌렀다.

북방한계선을 넘자 일체의 사진촬영이 불가능해졌다. 갑판에서
자유롭게 왁자지껄 떠들 수도 없었다. 북측 고기잡이 어선들이
마치 전후 50년대와 60년대 모습 그대로 돛단배나 노 젓는
나룻배에서 고기를 잡고 있었다. 거무튀튀한 동족의 모습에
마음이 착잡해졌다.

저녁 6시 고성(장전)항에 도착하였다. 그리 살벌하지는 않지만
선입견 때문일까? 아니면 표정이 없는 북녘동포들의 모습
때문일까? 즐겁지 않은 입국수속을 받았다. 곧이어 차량으로
온정각(관광객 종합센터)을 향했다. 바로 근거리에서 볼 수
있는 양지마을, 온정리 주민들의 허름하고 똑같아 보이는
집들이 보이고, 거리를 지키는 군인들 사이로 간간히 왜소한
북녘 동포들이 보였다.

농지는 곡식들이 제대로 자라고 있지 않아 '무얼 먹고 사나'
하는 안쓰러운 생각이 들었다.

현대아산이 지은 화려한 온정각을 거쳐 금강산 온천장에
갔다. 하지만 우리 일행은 온천을 하지 않고 사진을 찍고
천천히 걸어서 온정각으로 내려와 저녁을 먹었다. 식사 후에

아이쇼핑을 하고는 숙소를 향했다. 바다 설봉호에서 자는 사람들은 다시 세관을 통과해야만 했다. 우리는 수요예배를 드리고 일정과 하루 이야기를 나눈 다음 곧바로 다음날 있을 관광을 위해 쉬기로 하였다. 설봉호 숙소는 그런대로 괜찮은데 자가발전 소리가 밤새 소음을 만들어 냈다.

9. 4 (목) **구룡연 관광**

아침 일찍 잠이 깼다. 새벽기도로 훈련이 돼서일까? 아니면
북녘 땅에 왔다는 설렘 때문일까?

하늘이 구름 한 점 없이 맑았다. 기도로 하루를 열었다. 아침을
먹고는 곧바로 관광에 나섰다. 역시 제법 까다로운 세관을
통과해야만 했다. 우리는 구룡폭포 코스를 택했다. 외금강
온정리에서 출발하여 구룡폭포까지 이어지는 산행이다.
양쪽으로 이어지는 금송(금강산에 있다하여 붙여진 이름이나
미인송, 적송, 황장송, 홍송으로도 불림)이 빼곡하게 들어찼다.
아름다운 계곡의 물과 나무와 산이 천연 그대로 잘 보존되어
있었다.

떨어지면 폭포요, 흐르면 계곡이고, 담기면 연이요, 먹으면
약수인 금강산 물이 아주 맑게 흘렀다. 북측 나라꽃 이름을
따서 지은 목란관을 지나 집채 만한 바위들이 쌓여 생긴
금강문을 거쳐 한번 마시면 10년 젊어진다는 삼록수를 마셨다.
하얀 물줄기가 흰 비단을 드리우듯 흘러내리는 옥류동 계곡과
폭포는 참으로 아름다웠다. 옥류동 무지개다리를 건너자 파란

구슬을 꿰어 놓은 듯 가지런히 놓여있는 연주담과 우람한
구룡폭포가 눈에 들어왔다.

일행은 기념촬영을 하고 하산했는데 혼자 상팔담에
도전하였다. 깎아지른 곳에 철로 만든 길을 오르는데 숨이
찼다. 그러나 금강산에 왔으면 오르고 보자는 오기로 끝까지
올라 전망대에서 멋진 풍광을 보았다. 상팔담에서 다시 멋진
산하를 바라보며 힘들지만 잘 올라왔다는 생각을 하였다.

혼자라(물론 다른 팀들은 있었음) 교우들에게 보여줄
요량으로 아름다운 경관을 사진에 담았다. 특히 힘 있게 쓰인
글발(바위에 새긴 글)들이 많았는데 북녘 전역에 4만여 개나
있다고 한다. 김일성 주석이 회갑을 맞았을 때 그 기념으로
시작되었다고 한다. 하산하다가 북측 식당 목란관에서
미인들을 바라보면서 먹은 시원한 냉면은 '담백' 그대로였다.

차를 타고 온정각에서 다시 일행과 합류하여 삼일포를
관광하였다. 삼일포는 원래 바다였는데 지금은 호수가
되었다고 한다. 옛날 어느 임금이 관동팔경을 하루 한 곳씩
여행을 하기로 하고 길을 나섰다가 아름다운 경관에 취해

삼일을 묵었다 하여 붙여진 이름이다. 수심이 14m나 되는
호수는 둘레가 약 8km에 이르며 섬과 수목이 잘 어우러져
장관을 이루었다.

오후 4시부터 있을 평양 모란봉 교예단의 공연을 보기위해
아름다운 경치를 뒤로 해야만 했다. 모란봉 교예단은 북측의
대표적인 예술단으로 장차관급 대우를 받는 인민배우,
공훈배우들 중에서 일류들만 엄선하여 구성되었는데,
국제대회에서 대상과 금상을 여러 차례 받은 수준급의
예술단이라고 한다.

드디어 공연이 시작되었다. 공중회전, 널뛰기, 장대재주,
봉재주 등 쉴 새 없이 이어지는 공연은 손에 땀을 쥐게 하고,
가슴을 졸이면서도 안쓰러운 생각이 들었다. 예술단의
모습이라기보다는 마치 기계처럼 정교하게 움직이는 그 모습이
참으로 놀라웠다.

공연을 관람한 다음에 수백 명이 한꺼번에 들어갈 수 있는
금강산온천에서 온천욕을 하였다. 지붕 중앙이 뚫린 유리로
만들어진 것이 인상적이었고 물이 아주 좋았다.

간단한 쇼핑을 하고 다시 세관을 거쳐 설봉호에서 둘째 날 밤을

맞았다.

9. 5 (금) 환상의 만물상 코스와 귀향

새벽 5시 40분부터 아침을 먹고 금강산 최고의 명소인
만물상을 찾아 나섰다. 온정각에서 버스로 6km가량 이동해
육화암까지 가는 길을 한하계라고 한다. 한하계는 깊은 계곡과
바람이 막아 생기는 온도차이로 인해 대부분 안개가 많고
기온이 낮아 붙여진 이름이라고 한다. 마침 비가 내려 종종 볼
수 있는 계절폭포와 관음폭포를 지나 마지막 휴게시설이 있는
만상정까지는 무려 106개의 온정령 고갯길을 올라야만 했다.

금강산의 4대미로 계곡미, 호수미, 산악미, 해양미가
있는데 날씨로 인해 그 모든 것을 한눈에 볼 수 있게
되었다. 또한 금강산에는 바람, 구름과 안개, 계절폭포가
유명하다는데 비가 오니까 그 모든 모습을 다 보여주었다.
마치 안개와 구름 사이로 나왔다 들어갔다 하는 모습이
마치 우리가 볼 수 있도록 금강산이 공연을 하는
느낌이었다. 비도 오려니와 어제 무리하여 무릎이 아파서
3명의 신선이 마주보는 자세를 한 삼선암과 험상궂은
귀신의 모습과 같다는 귀면암까지만 올라갔다가 상냥한
고성아가씨들(금강산유원지환경보호순찰원)과 제법 많은

이야기를 주고받았다. 우리를 소개하면서 문익환 목사님과
같은 교단의 목사들이라고 하였더니 아주 반색하면서 곧바로
마음을 열었다. 나중에는 이름과 함께 명함까지 주고받았다.
통일되면 자주 만나자는 약속도 하였다.

세계적인 명산 금강산 최고의 명소라는 만물상과 해금강을
보지 못해 아쉬움이 컸다. 다시 찾게 되는 날을 기대한다.
점심을 먹고 온정각을 떠나 오후 3시에 마지막 세관을 거친 후
3시 30분 육로로 역사적인 귀로에 올랐다. 북한에서는 소도
공유재산이라는데 종종 소들이 풀을 뜯는 모습이 보였고,
넓은 옥수수밭과 누렇게 물들어 가는 논과 공동작업을 하는
공사장들은 영락없이 우리나라 5,60년대 모습 그대로였다.
민둥산과 마차, 들것을 이용한 철도공사현장들은 안쓰러운
모습이었다. 그러면서도 강대국에 빌붙어 사느니 우리
스스로의 힘으로 살자는 주체의식은 그들의 자세마저
부동자세로 만들었다는 생각이 들었다. 손을 흔들어도 얼굴을
돌리는 군인들의 모습은 통일을 외치면서도 차가웠다.
북방한계선을 지나자 자연 그대로인 비무장지대가 나왔고,
남방한계선을 넘자 3중의 튼튼한 철책과 군인들의 모습에서
다시 마음이 무거웠다. 한 시간 남짓 천천히 운행하던 중 2차

육로관광객들을 태운 차들이 올라가고 있었다.

자주 왕래를 하다보면 친해지고 통일의 그 날도
멀지 않으리라. 포장되지 않은 황토 길을 내려오면서
통일의 날이 곧 오리라는 희망의 빛을 바라보는
관광(觀光)이었다. 비자 없이 내 조국처럼 왕래하는 그 날을
소망한다. 고성 통일전망대에서 버스로 속초항에 와서 차를
가지고 집에 돌아오니 밤 2시가 다 되었다. 잠을 청하는데
금강산이 꿈인 듯 다시 다가왔다.

(2003)

아프리카 **케냐** 여행

아프리카하면 기근과 가난, 흑인노예, 계속되는 전쟁과 폭동
등 부정적인 이미지가 먼저 떠오른다. 아프리카 대륙에는
57개국이 있는데 전 세계에서 가장 가난한 나라 40개국 가운데
32개국이 아프리카에 속해 있다. 아프리카에서는 늘 내전의
소식이 계속 전해지고 있고, 구호물품으로 살아간다는 말이
나오기도 한다. 그러나 아프리카는 세계에서 두 번째로 큰
대륙이다. 8억 명이 넘는 사람들이 살고 있으며 가장 높은 인구
성장률을 가진 땅이다. 다양한 지하자원을 놓고 세계열강의
쟁탈전이 치열하고, 시장을 개척하기 위해 많은 나라들이
앞 다투어 진출하려고 애쓰는 땅이다. 또한 아프리카는 아직
개발되지 않은 상태의 하나님이 창조하신 아름다운 자연을
많이 간직한 곳이기도 하다.

케냐는 아프리카 대륙의 중동부에 위치해 있다. 적도가 케냐를
남과 북으로 나누며 지나간다. 이로 말미암아 케냐는 태양의
열기가 굉장한데, 이는 지력 감퇴와 토양 산성화의 원인이

되고 있다. 또한 케냐는 지형적 특성으로 인하여 다양한 기후가 펼쳐진다. 면적이 남한의 6배 정도인데, 해안지역은 고온 다습하고, 내륙의 고지대 산맥과 고원 지역은 건조하고 서늘하다. 내륙일수록 건조하고 해안에는 열대성 기후가 나타난다. 밀림 지대가 있는가 하면 만년설이 덮인 킬리만자로 산(5,895m)도 있고, 나일 강의 근원이며 남한만한 면적을 가진 거대한 빅토리아 호수도 있고, 일부 지역에서는 사막 기후가 펼쳐지기도 한다. 그래서 케냐를 천의 얼굴을 가진 땅이라고 이야기한다. 그러나 연중 강우량이 500mm이하인 땅이 72%를 차지해 물이 많이 부족한 땅이다.

케냐에는 약 50여 개 부족이 모여 사는데 인구는 약 3,500만 명 정도이고, 주산업은 농업과 관광이다. 세계 2차 대전이 끝나자 유럽에서 공부한 사람들이 아프리카의 중요한 위치와 권리를 인식하면서 아프리카에도 독립의 열풍이 불기 시작했다. 1961년에는 탕가니카와 잔지바르 왕국이 합쳐져 탄자니아로 독립을 하고, 1962년에는 부간다 지역이 우간다로 독립을 한다. 1895년부터 영국의 지배를 받던 케냐는 1963년 12월 12일 사회주의를 모방하는 주변 국가들과는 달리 영국과 미국의 도움아래 민주주의 국가로 독립을 한다.

10월 7일

01시 15분에 인천공항을 떠난 우리는 무려 열 시간을
비행하여 아랍에미리트 수도 아부다비에 도착했다. 밤늦은
비행에 무척 피곤하고 지루했다. 마침 북수단에서 선교하다
추방되어 다시 남수단으로 선교차 이동하는 박경호 선교사
가족을 만나 이런저런 이야기를 나누며 세 시간 휴식 후에
다시 케냐의 수도인 나이로비로 가는 비행기에 올랐다.
30분이나 연착출발이다. 이곳에서는 흔히 있는 일이라고 한다.
우리나라보다 6시간 늦은 시차로 나이로비공항에 도착하니
오후 1시 50분이다. 제법 긴 입국수속을 마치고나오니 임재찬
선교사가 기다리고 있다. 낡은 승합차에 짐과 함께 7명이 타니
한 차 가득이다. 큰 도로가 막혀 작은 도로로 달리는데 낡은
차들에서 나오는 매연이 심했다. 더구나 에어컨이 없는 차라
문을 열어놓고 달리다보니 후진국에 온 기분이 확 들어온다.
그러나 해발 1,700m에 위치한 나이로비, 게다가 숲속에 위치한
선교센터에 도착하니 상쾌하다.

이항수 목사와 김미자 사모, 황숙경 사모가 반갑게 맞아 준다.
작은 집과 차고를 수리하여 만든 이 선교사 집에는 맛있는

저녁상이 차려져 있었는데, 사모님의 그림이 전시되어 있어서
분위기가 더욱 좋았다.

케냐감리교 소유 부지에 30년 임대계약을 하고, 선교사 숙소인
선교센터를 지었다고 한다. 임 선교사네 집 1층에 우리들
숙소로 두 방에 여자 3명, 남자 4명이 쉬도록 했다. 두 집 욕실을
이용하여 샤워를 하고 긴 여장을 풀었다.

10월 8일

아침, 식사를 하고 2박3일 일정으로 마사이 마라 사파리로
떠났다. 사파리(safari)란 사냥과 탐험을 하는 여행이란 말로
대자연에 펼쳐진 동물구경이다. 두 시간을 달려가니 굉장한
풍경이 펼쳐진다. 그레이트 리프트 벨리(Great Rift Valley),
약 2,500만 년 전부터 시작된 태초의 지각 활동으로 생겨난
지구대로 시리아 남쪽에서 시작, 홍해로부터 에티오피아,
탄자니아, 말라위, 짐바브웨까지 걸쳐있는 폭 35-60km, 총 길이
9,600km에 이르는 어마어마한 길이의 대협곡이다. 무수히
많은 야생동물들이 살고 있는 드넓은 초원이다. 마사이 마라
국립공원을 찾는 관광객들이 들리는 곳인데 보이는 곳마다
감탄이 터져 나왔다.

다시 포장도로와 비포장 산길을 무려 4시간이나 달려서 마사이
마라를 찾았다. 비포장도로라고 천천히 달리지는 않았다.
천장에 머리를 박을 만큼 튀어 오르기도 하고, 오장육부가
흔들리게 덜컹거렸다. 자주 만나는 가축들의 이동장면,
끝없이 펼쳐지는 평원과 건기의 메마른 대지에 서있는 선인장

나무들을 지나 마사이 마라 국립공원(Kenya Masaimara
National Park)에 도착했다.

경비절감을 위해 저렴한 텐트형 숙소를 택했다. 휴식 후에
1차 사파리를 했다. 누떼, 들소, 얼룩말, 사자, 코끼리, 치타
등 각종 동물들을 만났다. 저녁을 먹고는 별로 할 일이 없다.
전기사정이 안 좋아 독서도 어렵다. 발전하여 쓰는 전기는
초롱불 수준이다. 12시에 소등하면 아침 6시가 되어야 불이
들어온다고 한다.

10월 9일

사파리 이틀째는 마라 강을 찾았다. 두 세 시간 계속되는
평원에는 각종 동물들이 즐비하다. 임 선교사의 설명에 의하면
동물의 수가 13년 전에 비하며 10/1 수준으로 줄었다고 한다.
자꾸만 사람들이 찾아오고 환경에 변화가 있기 때문일 것이다.
환경문제는 우리나라뿐만 아니라 이젠 세계의 문제이다.

탄자니아와의 국경지역인 마라 강변에 도착했다. 마사이마라
보호구역은 1961년에 지정 되었으며 넓이는 1,812평방km에
이른다. 남쪽의 경계는 탄자니아 쎄렝게티 국립공원과 접하여
있고, 2박 3일을 지루하지 않게 둘러 볼 수 있는 넓이였다.
쎄렝게티는 마사이마라 보호구역보다 열 배나 넓다니 입이
벌어진다. 독수리 떼와 악어와 하마들이 자연 그대로 떼를 지어

다니고 있다. 언젠가 TV에서 보았던 장면을 현장에서 보고 있자니 감동이 뭉클하게 다가온다. 신기하고 신비하다.

10월 10일

새벽에 사파리를 구경하고는 늦은 아침을 먹은 다음 나이로비로 돌아왔다. 작은 체구의 황 사모가 해준 저녁밥을 먹으니 고향에 온 기분이다.

10월 11일

드디어 2박 3일 여정으로 선교여행을 떠났다. 임 선교사가 섬기는 교회들을 둘러보는 날이다. 열다섯 교회 중 가능한 대로 방문하려고 한다.

선교회에서는 학용품과 전기가 들어오는 교회에는 강대상 절기장식품을, 전기가 들어오지 않는 교회에는 태양광으로 충전하여 사용할 수 있는 등을 준비했다. 임 선교사가 케냐에 들어온 지 17년째 인데 고향이자 파송지역에서는 처음으로 찾아간 손님이란다. 물론 파송교회인 공주 늘푸른교회에서는 방문도 하고, 교회당도 세워 주었다.

잠시 마트와 재래시장에 들렀다. 재래시장 구경은 처음이자 마지막이다. 가격이 싼 농산물과 기념품들을 샀다. 그리고 선교지에 가서 먹을 것도 장만했다. 그리고 한참을 달려가 카지아도 지역 마트에서 간단히 점심을 먹었다.

가장 먼저 키탱겔라교회를 방문했다. 메루부족 사람들이 많은 교회라고 한다. 건축 후에 경계분쟁이 있어서 일부를 줄였다고 한다. 마침 교역자가 자리에 없어서 들어가 보지는 못했다.

그 다음으로는 키레티교회와 학교를 찾아갔다. 키레티교회는 아들을 잃은 부모가 세운 교회인데 국회의원의 도움으로 학교도 운영하고 있었다. 교회 바닥은 시멘트이고 지붕은 함석인데, 천장 장식은 전혀 되어 있지 않았다. 선물을 전달하고 함께 기도를 드렸다. 학교에는 꽤 많은 학생들이 수업 중이었다. 여자 교장선생님이 일행을 맞아 학교현황을 설명해 주었다. 아이들에게는 일행 최 권사가 준비한 사탕을 나누어 주었다. 사탕을 받은 아이들 얼굴에 달덩이 같은 웃음이 감돌았다.

다음 행선지는 키사주교회였다. 비포장도로를 달려서 찾아가보니 예쁘게 지은 교회당이었다. 천정과 벽을 잘 장식하여 샘플이 되었다고 한다. 키사주교회는 홍콩에서 세운 교회인데, 최근에 우리 쪽 도움으로 신축을 했고, 여성 전도자가 예배를 인도 한다고 한다. 교회가 마을 사람들을 위해 저수지도 파 주었고, 지역주민들이 열심히 모인다고 한다.

네 번째로 방문한 교회는 도시에 있는 이신야교회이다. 이
지역 최초 교회로 감리사가 시무 중이었다. 교회에 들어서니
순식간에 아이들이 몰려온다. 교회가 시내 근처에 있다 보니
아이들이 많았다. 이신야교회는 공주 경천교회의 도움으로
유치원 건물을 지으려고 터를 마련하고 있었다. 주변에는
화훼농가들이 즐비하게 있었다.

나이로비에서 남쪽으로 80km정도를 달려 카지아도교회에
도착했다. 카지아도는 우리 충청도만한 지역의 타운으로
도지사 관사 근처에 임 선교사가 세운 교회가 있다. 유치원,
사택, 숙소, 사무실이 있어서 지역선교센터 역할을 하며
매주 임 선교사가 주일을 포함하여 2-3일 씩 머무는 곳이다.
매주 금요일 저녁에는 지역 교회 전도사들이 모여서 각 교회
상황보고도 하고 주일날 선포할 말씀을 점검받으며 성경공부도
한다고 한다. 이 교회에서 지역 지방회가 있어서 모두 모여
저녁을 함께 하였다.

일정을 마치고 우리는 성공회에서 운영하는 게스트하우스에
들어갔다. 케냐에 와서 처음으로 부부가 함께 하는 더블침실에
들었다. 그런데 이 무슨 난리인가? 샤워를 하려고 옷을 벗고
샤워장에 들어갔는데 아예 물이 나오지 않는다. 잘 통하지도
않는 말로 방이 많으니까 물이 나오는 방으로 바꿔주든지 물이
나올 수 있도록 해달라고 요청했다. 그건 케냐에서 무리한
요구였다. 옥상 물통에 물이 없는데 해결될 수 있는 일이
아니었다. 발도 제대로 씻지 못한 채 엉거주춤 피곤하니까 그냥
잤다. 씻지 않아도 잠은 달게 잤다.

10월 12일

아침에도 문제는 여전했다. 화장실이 더 큰 문제였다. 일하는
현지인이 물통에 물을 가져와 가까스로 문제를 해결했다. 물이
부족한 케냐체험을 확실히 한 셈이다.

게스트하우스 주변엔 학교와 성당 등 꽤 넓은 공간을
가지고 있었다. 식당에서 간단히 아침을 먹었다. 오전에는
카지아도교회에서 모이는 지방회에 참관하며 상견례와
선물나누기 등으로 시간을 보냈다. 생각보다 금방 시간이
지나간다.

점심을 해먹고 오후에는 교회탐방을 나섰다. 먼저 비포장으로
한참을 들어가니 올로마이아나교회가 나타났다. 역시 학교도
있는 시골교회였다. 학교 교사로 있는 전도사가 시무하는
미자립 교회였다. 이곳에도 저수지를 파 주었는데 가까이 볼 수
있었다. 물론 건기라 물은 없었다.

이번에는 탄자니아 국경 근처에 있는 비리카교회를 찾았다.
가는 도중 저 멀리 구름에 가려 절반만 보이는 킬리만자로가
보았다. 바리카교회는 지역 학교 교장이 전도사로 있어서
자립한 교회였다. 역시 아이들이 순식간에 몰려들었다.
아이들은 강단이나 예배당에 자유롭게 드나들었다. 교회와
선교사를 좋아하는 이 나라 분위기를 엿볼 수 있었다.

읍내에도 교회가 있는데 시간관계로 들르지 못하고 대신
탄자니아 국경을 넘어가서 기념사진을 찍었다. 꽃이 만발한
휴게소에 들러 탄자니아산 원액 망고주스도 한 잔 마셨다. 달고
시원했다.

이번에는 국도에서 비포장도로를 20여 km를 달려서 마일루아
지역을 지나 나세리안(평화) 세례교회를 찾았다. 임 선교사가
개척하였고 공주 늘푸른교회에서 교회당을 지어 주었다고

한다. 개울도 건너고, 흙먼지 펄펄 날리는 길을 한참 달리자

어느새 정이품송을 닮은 아름다운 아카시아나무 사이로

아름답게 물든 석양빛이 우리를 반겨 주었다. 그 고운 시간에

교회에 당도했다. 자연의 풍광처럼 교회도 아름다웠고, 사택도

훌륭했다. 그런데 주변에 집들이 보이지 않는다. 그만큼

시골이다.

저녁을 해먹고는 처음부터 관심사였던 쇠똥집으로 안내되었다.

달빛 어슴푸레한 들길을 지나 2km정도는 걸었던 거 같다.

짐승들이 있는 마을에 들어섰다. 안내하는 아이를 따라 몸을

굽혀 간신히 들어가는 마사이 목동이 사는 쇠똥집이다. 화로엔

불이 타 오르고, 어린 아이가 자고 있다. 안주인이 얼른 아기를

안아간다. 담요 한 장, 벌레 잡는 스프레이 한 통을 받아왔는데

먼저 약을 뿌리라고 한다. 늘 그냥 사는 주인을 생각하니 많이

뿌리기가 민망한 생각이 든다. 그래서 대충 뿌리고 났더니

자기들도 뿌린다고 빌려달라고 한다. 말이 통해야 대화를
하는데 서로가 그저 얼굴만 쳐다보고 앉아 있는데 차를
대접한다. 조금 마시고는 배가 불러 아이들에게 주었다.

잠을 청하는데 온 몸에 벌레가 슬금슬금 야단이다. 덥고 잠이
오지 않는다. 밖에 나가 달도 찍고 양무리 등 동물과 내가
머무는 집을 사진에 담았다. 다시 잠을 청해본다. 자는 둥 마는
둥 날이 밝았다. 일출과 함께 마을전경을 사진에 담고 교회로
발걸음을 옮겼다.

10월 13일

세레교회당이 아침 햇빛을 받아 찬란하게 빛난다. 교회당
전경을 카메라에 담고, 담임 전도사와 기념사진도 찍었다.
아침밥을 지어먹고 나니 나귀 떼가 짐을 싣고 한 여자의 인도로
무리지어 지나간다. 등에 십자가가 선명한 착한 동물, 예수님이
예루살렘에 입성할 때 타셨던 거룩한 동물 나귀이다.

9시가 되니 어린이주일예배가 시작된다. 역동적인 찬양과
역동적인 예배이다. 끝날 때 모두가 입구로 나가 서로를
축복하는 모습이 보기 좋다. 이어서 어른과 아이들이 모두
함께 하는 주일예배가 시작되었다. 다 같이 하는 찬양, 어린이

찬양, 청소년부 찬양, 간증 1, 2, 3, 4가 있었다. 그리고 우리
일행 소개와 찬양도 있었다. 안디옥선교회 회장 이종민 목사의
설교를 선교사가 영어로 통역하고 다시 전도사가 현지어로
통역하니 설교시간이 3배로 늘어난다. 끝날 때 어른들도
모두가 입구에서 돌아가면서 악수를 하고 서로를 축복하며
끝나는 모습이 인상적이다.

점심은 임 선교사의 지도로 만든 햄버거로 먹었다. 양배추에
각종 과일로 만든 소스로 맛이 있었다. 성도들과 작별하고
나이로비로 향했다.

이웃마을 마일루아교회를 방문했다. 탄자니아로 간 박천달
선교사가 개척한 교회를 임 선교사가 관리하고 있는 교회이다.
다른 교회와 마찬가지로 순식간에 아이들이 몰려온다.
아이들을 위하여 기도하고 사탕과 선물을 나누며 기념사진을
찍었다.

비포장도로를 다 달리고 카지아도를 향하여 포장도로를
달리는데 자동차 바퀴가 빠지는 고장이 나서 차를 길가에
세웠다. 앞서간 차를 불러 핸드폰을 소지한 김현수 목사와
여자들을 먼저 보내고 정비공과 함께 올 때까지 그늘에서
쉬었다. 되돌아 온 차를 타고 카지아도 선교센터에 와서 일행과
함께 승합차에 타고 나이로비를 향하여 얼마를 달리는데
해가 졌다. 이번에는 교차로에 차가 엉켜서 3,40분 지연한다.
신호등이 없는 케냐에서는 흔히 있는 일이라고 한다.

저녁식사는 사파리 팍 호텔에서 목욕도 하고 다양한 고기를 구워주는 특식으로 예약을 했었다. 하지만 늦은 관계로 목욕은 포기해야 했다. 늦은 식사지만 멋진 공연과 함께 심신을 풀 수 있었다. 연기자들과 함께 기념사진도 찍었다. 선교센터에 들어와서 샤워하고 곧바로 잠을 청했다.

10월 14일

다시 2박3일 일정으로 남부 몸바사로 휴양을 떠났다. 몸바사는 케냐 제 2의 도시로 바닷가에 위치한 30도를 넘는 휴양지이다. 열차로는 밤새 가야하는 거리라 비행기를 탔다. 가면서 창가에 자리를 잡았기에 킬리만자로를 자세히 볼 수 있었다. 45분 비행시간이 금방 지나갔다.

몸바사는 인도양에 연해 있어 아래쪽 탄자니아의 잔지바르, 다르에스살람과 비슷한 역사를 갖고 있다. 아랍, 포르투갈, 영국 등에게 차례로 지배당하는 아픔을 겪었으며, 인구의 대부분이 이슬람교를 믿고 있는데 이는 회교국가인 오만의 오랜 통치를 받은 영향이라고 한다.

방을 배정받고 점심을 먹었다. 손목에 비표를 달아주는데 경내에서 식사, 간식, 수건 등 모두가 무료이다. 휴식을 취한 후 바닷가에 나갔다. 하얀 모래가 영락없이 떡가루다. 부드럽기가 그만이다. 바다는 이제까지 경험한 중 가장 아름다운 풍경이다. 벌레물린 데를 소독할 겸 바다에 들어갔다. 깊지 않은 바다가 놀기에도 좋다.

10월 15일

아침 일찍 일어나 바닷가에 나가보니 일출 광경이 경이적이다.
아무런 프로그램 없이 바다에 온 건 처음이다. 2박3일을 어떻게
지내나 했는데 시간이 잘 간다. 휴식과 자유 시간을 가지다가
오후에는 물때를 맞춰 배를 탔다. 배 밑이 유리로 장식되어
바다 속이 훤히 들여다보인다. 사공들은 예상했던 만큼 고기가
없자 밑밥을 주고 갖은 노력을 다 한다. 사실 우리는 모래톱에
가서 바다를 즐기고 싶었다. 늦었지만 배를 움직여 모래톱에
이르렀다. 누군가 고기가 있다고 소리치자 일행 중 조 목사가
손을 넣었다가 그만 바닷장어에 물렸다. 제법 큰 상처를 입고
병원에 다녀왔다. 그런데 얕은 바다에서 배의 기관이 바닥에
닿아 고장을 일으켰다. 노도 없이 사공들의 노력과 바람에
의해 육지로 나올 수 있었다. 몇 명 되지 않은 일행인데 사고의
연속이었다. 그러나 여행에서는 이런 스릴과 사건이 오래
기억될 수 있는 추억이 아닐까?

10월 16일

마지막 밤이 지났다. 일출이 어제보다 더욱 아름답다. 오전에는
'할라 팍' 공원에 들렀다. 원숭이, 거북이, 악어, 뱀, 새, 기린 등
살아있는 자연사박물관이라고 해야 할 것 같다. 기린에게 밥
주는 시간이 길어지고, 길이 막혀 몸바사의 대표적인 관광지인
포트 지저스(Fort Jesus)에서는 시간관계로 증명사진만 찍었다.
1593년 포르투갈인들이 바다로부터의 침입을 막기 위해 세운
요새로 중요한 역사유적이라고 한다.

몸바사에서 비행기를 타고 나이로비로 돌아왔다. 선교사
가족들은 양고기 파티를 준비해 주었다. 정말 맛이 있었다.
그리고 이항수 선교사의 인도로 수요예배를 드렸다.
케냐에서의 마지막 밤은 금방 흘러갔다. 짐을 정리하고 다른 날
보다 훨씬 늦게 잠을 잤다.

기다림 | 쐐기골 양지목사 이야기

10월 17, 18일

오전에 센터 근처 테러로 70명 이상 사망자를 내 굳게 닫혀있는
웨스트게이트 쇼핑몰을 거쳐서 나이로비 국립박물관을 찾았다.
자연, 민속, 역사, 그림전시 등 다양한 볼거리가 잘 전시되어
있다. 독립기념탑과 전망대에서 나이로비를 한 눈에 바라보며
가노라니 금방 공항에 도착한다.

선교사님들과 작별하고 돌아올 때는 아주 순조로웠다.
아비다부에서도 비행기가 바로 이어지고, 18일 12시 30분
인천공항에서도 공주행 버스가 바로 있었다. 참으로 많은
추억과 의미를 지닌 여행이었다. 준비와 진행 등 애쓰신
분들에게 참 감사하다.

벽제 **동광원**

고양시 벽제동 동광원 수도원에 다녀왔다. 27회째
예수영성수련회가 열리면서 초청장을 받았는데 처음으로
찾아보았다.

동광원은 예수 그리스도 안에서 사랑의 본을 보이신
이세종, 이현필 선생의 삶과 신앙정신을 따르는 사람들의
수도공동체이다. 벽제 동광원은 1957년 맨발의 성자요
한국의 프란치스코라 불리는 이현필 선생의 제자 정한나
수녀가 시작한 수녀골 공동체이다. 특히 1964년 이현필
선생이 마지막 기거하셨던 곳이자 소천하신 곳이며 선생의
묘소가 있는 곳이다. 1970년대에는 오북환 장로가 1년 과정의

성경 공부반을 개설하여 모든 공동체 식구들에게 교육한
장소였다. 지금은 심중식 교수를 중심으로 매주 토요일
귀일기도회와 성경, 고전읽기 등을 하며 격월, 혹은 3달에 한
번씩 '예수영성수련회'를 갖고 있다. 원내에는 수녀들이 사는
살림집과 베틀집(실제 베를 짜던 곳), 2001년에 세운 수행관과
작년에 이현필 선생의 탄생 100주년을 맞아 전통 한옥으로
지은 헌신관이 있다. 원장으로는 1대 정한나, 2대 이희옥, 3대는
박공순 수녀(84세)가 이어가고 있다.

이번 수련회는 헌신관에서 진행되었고, 남자들은 헌신관에서,
여자들은 수련관에서 자고, 수련관 식당에서 수녀들이 직접
지은 농산물로 만든 건강한 밥상을 대하곤 했다.

시간이 되자 뵙고 싶었던 엄두섭 목사(96세)가 '영성수행의
길'에 대해서 말씀을 해 주셨다. 평양신학교와 서울
조선신학교에서 퇴학당하신 얘기가 귀에 번쩍했다.
평양신학교에서는 일본 철학박사를 강사로 부흥회를 했는데
마음에 들지 않아 반기를 들었던 것이 퇴학당하는 이유였고,
조선신학교에서는 송창근, 김재준 목사 등이 고등비평, 문서설
등 신 신학을 가르쳐 거부운동을 하다가 6명이 퇴학당하였다고

한다. 결국 장로회신학대학을 졸업하여 통합측 목사가
되었지만 역시 이현필 선생을 따라 수도원 운동을 하다 보니
독립교단에서 목회를 마쳤다고 한다.

노령의 엄 목사는 이현필 선생의 전기인 <맨발의 성자>는
물론 이 선생의 소전, 문집, 필담, 일기 등을 묶어서 <순결의
길, 초월의 길>, <진리의 바다>, <성 프란치스코>, <내면의
메아리> 등 수십 권의 책을 썼다. 은성교회에서 목회를 하였고,
한국 개신교의 첫 수도원 사역에 오래도록 헌신하였다. 이제는
노구이신지라 발음도, 몸짓도 어눌하다. 한국의 또 다른
성자 엄두섭 목사를 생전에 가까이서 뵐 수 있다는 것은
행운이었다.

둘째 시간에는 동광원의 가족 같은 심중식 교수가
'귀일입니다'는 주제로 강의했다. '하나로 돌아가라', '절대자
하나로 돌아가라'는 뜻으로 귀일운동을 하라며 정인세
원장에게 '귀일(歸一)'이라 써 준 것을 계기로 광주에 귀일원이
세워졌고, 한국전쟁 후에는 전쟁고아 등 광주 동광원에 무려
600명까지도 살았었다는 역사와 이현필 선생의 정신에 대해서
감명 깊게 강의하였다.

세상의 모든 것은 하나로 돌아간다. 하나님께
돌아감, 통일, 하나가 됨, 자신이 하나님께
돌아가는 것이 귀일이다. 하나님 사랑·이웃 사랑이
하나이듯이 각자 제자리로 돌아가고, 그리스도가
내 안에 계셔서 내가 없어지는 것이 귀일이며,
하나님과 이웃을 사랑하는 길을 알려주는 것이
영성훈련이다.

저녁식사 후에는 서부중앙교회 최대용 목사가 '애굽 땅
중앙제단'이라는 주제로 출애굽기를 요약하며 우리가 서 있는
교회에 대해서 강의했다. 하나님의 일은 하나님이 하신다는
것을 생각해보는 시간이었다.

새벽에는 백남철 목사께서 관상기도의 이론과 실제로
'향심기도'에 대해서 수준 높은 강의를 해 주었다. 관상기도라는
큰 주제로 138번째 강의라는 것 자체가 감동이다. 향심기도란
하나님과의 관계이면서 그 관계를 성장시켜주는 수련으로
그리스도와 대화를 넘어서 그분과의 통공으로 나아가는
움직임이며, 하나님께 거룩한 단어와 침묵으로 하나님의
현존을 체험하는 관상단계로 나아가는 것이다.

둘째 날 오전엔 서부동산교회 최홍욱 목사가 '예수 닮기
원합니다'라는 주제로 신앙생활-믿음 살이, 예수 믿기-예수
살기, 예수 닮기에 대해서 완벽하게 원고를 준비한 강의가
이어졌는데, 강의가 진행되는 동안 성실함과 진실이 가슴 깊이
다가오는 벅찬 감동이 계속 이어졌다.

그 다음 엄두섭 목사가 영성생활의 향기에 대해서

강의하였는데 마치 유언하듯 말씀하였다. 이용도 목사, 강순명 목사, 신학교 동기 김준곤 목사에 대해 이야기 하며 깊은 영성을 강조하였다.

오후에는 침묵, 독경, 골방기도와 순례의 시간이 있었는데 이세종 선생이 마지막 은거했던 집터와 묘소를 순례하였다. 묘소에는 일생을 맨발로 다닌 한국의 성자였다는 묘비가 있었다. 최흥욱 목사가 준비한 이 선생 어록을 낭독하며 잠시 묵상하는 시간도 가졌다. "청빈이 곧 수도"라는 말과 가난을 감사하는 기도문이 다시 감동을 불러온다. 역사와 영성에 대해 깊이가 있는 최 목사와의 만남은 참 감사한 일이다.

동광원에 올 때 본 수련회 외에 두 가지 소원이 더 있었다. 엄두섭 목사를 만나는 일과 그가 평생 일구어 지금은 장로회신학대학에 기증하여 신대원생들의 경건훈련원으로 사용하고 있는 은성수도원을 가보는 일이다. 엄 목사는 만났고, 포천시 화현면에 있는 은성수도원에 갈 수 있는 기회가 왔다. 도로에서 진입로는 너무 좁아 그야말로 좁은 문이었다. 그래도 개신교 최초의 수도원을 둘러보는 것은 의미가 있었다.

저녁엔 말씀원을 운영하는 윤공부 목사가 '이제 당신이
되소서'란 주제로 잔잔한 감동을 주었다. 소화 데레사의
기도문이 은혜로워 나는 자꾸 기도문을 읊조렸다.

"나는 주님의 것, 당신이 값 주고 사셨습니다. 이제
  당신이 되소서."

마지막 날 새벽에는 다시 관상기도의 이론과 실제로 백남철
목사가 '위빠싸나'에 대해서 집중강의를 하였다. 불교의
기본교리로부터 복식호흡, 행선, 일상선까지 참 나를 찾아
깨달은 나, 진아, 무아의 경지에 이르는 관상의 길을 안내해
주었다.

프란치스코 수도원장 고바울 신부는 '프란치스코 영성을
찾아서' 결론을 이야기했고, 장경선 수사와 함께 떼제 찬양과
성찬식으로 마침예배를 드린 후 진지하게 '느낌나누기'로
은혜롭게 마무리하였다.

강사들이 자비량으로 회비를 내고, 동거하며, 강사비도 받지
않으니 이것이 바로 동광원 정신인 것 같고 감동이다.

평화통일을 꿈꾸다

양지 목사가 전공하지 않고 활동하는 것이 꽤 있다. 음악을
전공하지 않고 과거 10년 동안 찬양대 지휘를 하고, 테너활동을
한 바 있다. 최근에는 역사를 전공하지 않고 총회와 공주기독교
역사위원장을 하고 있다. 관심과 취미와 열정이 있기에 가능한
일이지 절대로 잘 하는 것은 아니다. 최근에는 평화통일
강사활동으로 바쁘다. 역시 전공도 하지 않은 채 열정과
일제하에서 조국의 독립운동이 애국운동이었다면 군사독재
시절에는 민주화운동이 애국이었고, 지금 분단조국을 살아가는
우리에게는 통일운동이 가장 절실한 애국운동이라 믿어서
신념을 갖고 주어진 여건에서 최선을 다 하고 있다. 그래서
맡은 직분도 많다. 노회에서는 통일 및 사회위원장직을
4년째 맡고 있고, 21세기 목회자협의회 공동회장으로
있으며, 대전충남에서는 목회자정의평화운동에 이어서
6.15공동선언실천 남측위원회 대전본부 공동대표와 우리겨레
하나 되기 대전충남운동본부 상임대표로 활동하고 있다.

2012년에는 대전에서 통일교육을 받고 정식으로 통일교육
강사증도 받았다. 그러다보니 종종 평화통일교육 세미나를
인도한다.

금년(2014년)에는 정말 바쁘게 움직였다. 지난 6월에는
2시찰에서 연 3회째 평화통일세미나 강사로 강의했고,
7월에는 대전 5,6시찰대회 강사로, 그리고 총회 평화통일 월요
기도회에서도 설교를 하였다. 또 8월에는 4시찰 강사로 바쁜
일정을 보냈다.

6월에는 6.15와 6.25 민족화해주일이 있었고,
7월에는 7.4남북공동성명 42주년과 7월 7일에 총회
평화통일월요기도회가 있었다. 양력이었지만 견우와 직녀가
까마귀와 까치들이 놓은 오작교에서 1년에 1번씩 만난다는
전설이 전해져 오는 칠월칠석날이었다. 음력 칠월 칠일이 되면
견우성과 직녀성이 가까워지는 자연현상의 관찰에서 생겨난
이야기지만 우리 남북도 함께 만났으면 하는 마음으로 '남북이
만나려면'이라는 주제로 말씀을 전했다. 남과 북이 갈라진지
69년, 휴전상태로 지내온 지 61년, 오늘 우리는 남과 북이 함께
만나기를 간절히 바라고 있다.

우리는 한반도에서 한글을 쓰고, 같은 민족으로
반드시 만나야 한다. 평화적으로 통일을 이루어야
한다. 그것은 하나님의 뜻이다.(겔 37:15- 17)

7·4남북공동성명은 통일문제 해결과정에서 견지해야 할 근본
원칙인 자주 · 평화 · 민족대단결의 3대 원칙에 대해 남과 북이
합의하였다는 점에서 중대한 의미를 가지고 있다. 남과 북은 이
원칙을 1992년 남북기본합의서에서도 재확인하였고, 2000년
6·15공동선언에서는 내용적으로 3대 원칙을 포괄하고, 이후
남북 간 합의에 시금석 역할을 해왔다. 하지만 7·4남북공동성명
발표 42년을 맞이하는 지금의 남북관계는 너무나 암울하고,
긴장의 연속이다. 2008년을 기점으로 대북정책이 강경해졌고,
정부 당국자 간 회담은 물론 교류협력도 급감했다. 남북경협과
민간교류의 상징이었던 금강산관광은 중단을 반복하고, 군사적
갈등은 고조되어 있다. 42년 전 합의한 통일원칙은 흔적을
찾아보기 어렵고, 오히려 거꾸로 가고 있다. 남북관계가 거꾸로
가면서 이산가족을 비롯한 국민들의 분단고통은 가중되고 있는
반면, 중국, 러시아, 일본 등 주변 국가들은 실익을 챙기고 있다.
5·24대북제재 조치는 대북경협에 나섰던 우리의 중소기업을
고사시킨 반면, 북중, 북러간 경제협력을 강화시켰다.

박근혜 정부는 남북 간 최초의 역사적 합의인

7·4남북공동성명의 원칙을 상기하고 남북관계 개선에 나서야

한다. 특히 대북제재를 중단하고, 남북관계 개선과 한반도 평화

통일을 위해 7·4남북공동성명을 비롯한 모든 남북 간의 합의를

존중하고, 이행해야 한다. 이제 우리는 막연히 통일을 부르짖지

말고 구체적으로 실천하며 통일을 향하여 나아가야 한다.

박근혜 대통령은 통독의 상징도시인 드레스덴에서 평화통일

기반조성을 위한 대북 3대 제안을 발표했다. 한발 더 나아가

통일준비위원회를 만들어 스스로 위원장이 된다고도 했다.

그런데 왜 북한에서는 코로 등멸까? 진정성이 없기 때문이다.

과거 정부 10년 동안 남북은 상당히 가까워졌었다.

6.15공동선언에 이어서 10.4 선언에 이르기까지 개성공단과

남북한 철도의 연결과 도로망 구축 등 실질적인 교류협력이

상당한 수준에 이르렀었다. 그러던 것을 정권이 바뀌더니

남북의 정상이 공동선언한 내용들을 깡그리 무시하고

각자의 갈 길로 치달았다. 그 결과가 남북대결로, 작년 봄엔

전쟁직전까지 갔었다.

남북은 만나야 한다. 그 대안이 로마서 12:14-21에 자세히
나와 있다. 화해 협력정책의 기초가 되는 말씀이다.

(1) 네가 직접 원수 갚지 말고 하나님의 진노하심에
맡겨라 (화해정책).

(2) 네 원수가 주리거든 먹을 것을 주고 목마르거든
마실 것을 주어라 (협력정책).

(3) 악으로 악을 갚지 말고 선으로 악을 이겨라
(변화, 개방정책).

(4) 모든 사람과 더불어 화목하라 (평화정책).

우리는 성서로 돌아가야 한다. 일찍이 우리 주님은
말씀하시기를 "화평케 하는 자는 복이 있나니 그들이
하나님의 아들이라 일컬음을 받을 것임이요"라고 하셨다(마태
5:9). '화평케 하라'는 말씀은 단순히 평화를 사랑하는 정도를
넘어 'Peace-Maker' 즉 평화를 위해 적극적으로 일하는 것을
말한다. '모든 사람과 화목하라'는 말씀은 평화를 지향하고
평화를 몸으로 살라는 말씀이다.

이제 우리는 결단해야 한다. 우리의 기도가 모아져 마침내 조국의 평화통일을 이룰 수 있기를 바란다. 한반도의 평화와 통일은 동북아시아의 평화이자 곧 세계평화를 이루는 길이다.

우리가 주님의 말씀대로

민족의 십자가를 지고 살아서

이 땅에 진정한 평화와 통일을 앞당겨야 한다.

기다림,
쐐기골 양지목사 이야기

2014년 11월 01일 초판발행

지은이 · 이상호
펴낸이 · 배수현
디자인 · 임성수
펴낸곳 · 가나북스 www.gnbooks.co.kr
출판등록 · 제393-2009-000012호
전화 · 031-408-8811(代)
팩스 · 031-501-8811
ISBN 978-89-94664-75-0(03230)

값 13,000원